William H. Carpenter

Nikolasdrapa Halls Prests

An Icelandic poem from circa a.d. 1400

William H. Carpenter

Nikolasdrapa Halls Prests
An Icelandic poem from circa a.d. 1400

ISBN/EAN: 9783337319649

Printed in Europe, USA, Canada, Australia, Japan

Cover: Foto ©Thomas Meinert / pixelio.de

More available books at **www.hansebooks.com**

HAL

. ARRAS, PRINTER.

1881.

The accompanying text of the **Nikolásdrápa** — the only one — is contained in A. M. 622 4⁰, a well preserved and clearly written parchment manuscript ·from the middle of the 16ᵗʰ century, where it occupies pages 145—162 inclusive. The contents of the manuscript are:

The poem bears in the manuscript the title written in red ink in a hand somewhat later than the text: *Hier hefr Nichulas*

---

[1] First published in the Vísnabók Guðbrands biskups: Ein Ny Wiisna Bok, med mörgum andlegum Viisum og kuædum. Hólum 1619. (not cited by Möbius) p. 246 ff. where it bears the title of: *þad gamla Liliu Kuæde*.

[2] Published in the Vísnabók p. 193 ff. under the title of: *Adams Odur. Afgamallt kuæde um Mansins Sköpun og Fall*.

[3] The Vísnabók p. 390 ff. contains 99 stanzas with the title: *Erende nöckur ur Elle kuæde Jons Hallssonar*.

[4] First published in the Vísnabók p. 256 ff. with the title: *Pyslargratur. Kueden af Byskup Jone*. The remaining poems are as yet inedited. In regard to Sigurðr blindi cf. B. S. II p. 570 Note 4; to Jón Hallsson *ditto* Note 3.

1*

4

drapu hallz prests. Of the personality or even identity of the author very little is known, but he is probably identical with Hallr the 17th Abbot of Múnkaþverá. In the Annálar contained in the Flateyjarbók under the year 1393 is the following entry:[1] Resigneradi Hallr ábóti stéttinn ok beiddiz aftur í Þingeyraklaustr var þá ábótalaust at Þverá; and under 1394:[2] Vigði byskup Hall til ábóta at Þverá. So also the Hist. eccles. Isl.[3] (IV, 46): Anno 1385 ordinatus fuit Hallus quidam, qui 1393 resignavit, inque monasterium Thingeyrense, unde venerat, redire cupivit. Sv. Egilsson describes the poem in the Lexicon Poëticum (Index Siglorum p. XLV) where it is often cited:[4] **Nikolásdrápa,** carmen de S. Nikolao Mirrensi, a presbytero Hallo Ögmundi filio c. annum 1400 compositum; and in the Snorra Edda II (Hafniae 1852, p. 194): Nam extat Encomium de S. Nicolao recentius, metro collatato octosyllabo compositum, sub titulo: **Nichulásdrápa Halls prests** (forte Halli, abbatis monasterii Thveraensis 1385—1393, vel etiam presbyteri Halli Ögmundi filii, qui carmina: **Gimstoinn** sive **Krossdrápa, Náð, Michaelsflokkr, Maríuvísur** et plura composuit, et testante Arna Magnaeo post annum 1400 floruit). All of the poems here named (five) are contained in regular sequence and in the same hand in A. M. 622 4⁰ and with the exception of **Náð** each is prefixed with its proper title and the author's name. **Náð** appears without either, but in a copy (A. M. 715 4⁰) in Arna Magnússon's own hand, the poem is headed: Drápa um Sanctas Annam og Mirriam heitir Náð. Author hefir Hallur heitið. Hálfdan Einarsen in Hist. lit. Isl. (p. 44)[5] under the head of Poëtas ante Reformationem Christianae Religionis in patriam introductam exhibet cites: Hallus, alicubi, ut puto, in

---

[1] Cf. Flateyjarbók (Christiania 1868) III p. 578.

[2] *ditto* p. 583.

[3] F. Johannaeus. Historia ecclesiastica Islandiæ. Havniæ 1772—78.

[4] The **Nikolásdrápa** is cited further in Cleasby and Vigfusson's Icel. — Engl. Dictionary but only through the medium of the Lex. Poët. and not from a direct acquaintance with the text. Sv. Egilsson appears to have used, in his turn, instead of the Ms. the not too careful copy 710 4⁰ E made by Arna Magnússon as mistakes of the one are repeated by the other.

[5] H. Einarsen. Historia literaria Islandiæ. Havniæ et Lipsiæ 1786.

patria Sacerdos, scripsit Carmina de **S. Nicolao, S. Cruce** et **S. Michaöle Archangelo. Gimsteinn** he, however, wrongly ascribes to Joh. Arae filius (p. 45) with the remark: quod tamen Carmen antea laudato Eisteino (the author of **Lilja**) unum exemplar tribuit. The poem de **S. Cruce** ascribed to Hallr and the **Gimsteinn** ascribed to Jón Arason are undoubtedly one and the same poem belonging to Hallr.[1]

I. The **Krossdrápa** (pp. 107—132) consists of 125 stanzas; *sic*:

1. Heyr ilmandi hjartans yndi,
    himna blóm ok veraldar sómi,
    lýða vegr ok lækning þjóða,
    lausnarinn mætur, Jesús sæti,
    fræða gjörð med fögrum orðum
    flotna láttu af hjartans botni,
    svo verði þér til vegs ok dyrðar
    vunninn heiðr af þessum munni.

In strophe 124[7—8] the poem is called **Gimsteinn**:
    Gimstein vil ek af göfugu efni
    fyr græðarans písl at heiti kvæði.

It is contained further (a fragment) in A. M. 723 4⁰ B, in 714 4⁰ and in several young paper manuscripts.

II. The **Maríuvísur** (pp. 132—135) consist of but 18 stanzas; *sic*:

1. Sælust sjóvar stjarna
    sæmdin A'dáms barna
    ek vil pik göfga gjarna,
    geisli sólar hinn mæti,
    ljósast líknar stræti:
    :|: þú ert ein, ein, ein :|:
    þú ert ein móðir ok mey ósködd
    mönnum heilsu bætir.

III. The **Michaelsflokkr** (pp. 135—145) consists of 66 stanzas; *sic*:

[1] Cf. upon this point also Biskupa Sögur II p. 586. Ms. 104 4⁰ of the Bókmentafèlag collection (from c. 1760) contains according to the catalogue (p. 49): Kvæðið „**Gimsteinn**", með Liljulag (Heyr mig ilmandi hjartans yndi) eignað Eysteini.

1. O'ðar gef þú upphaf
iðulega sem ek bið;
drottinn fyr þinn mikinn mátt
at mætta ek syndir fá bætt
láttu aukast lof þitt,
lausnarinn sætr, agætr,
í ljóðagjörð þó ljós orð
lýðum virðist mjök stirð.

A fragment is contained further in A. M. 723 4⁰ B.

IV. **Náð**, a drápa with stef, (pp. 162—178) consists of 111
stanzas; *sic*:

1. Heyr mildungur allra alda
almáttigr sem ritning váttar
faðir ok son með samþykkð góðri
at samvinnanda helgum anda.
Sjá þú til mín með svinnu ráði
sæmilegr ok gef mér dæmi
þeirra bests sem fengu fyrri
fagra siðu ok glæpa iðrum.

In addition to these Hist. lit. Isl. (p. 111) attributes one
other poem to Hallr: Nicolai, Archiepiscopi Mirrensis in Lycia;
Nicolaus-Dictur et **Nicolaus-Drápa** Dn. Halleri, duo nempe
carmina in laudem S. Nicolai. A **Nikolásdiktr** is contained in
A. M. 721 4⁰, a manuscript of about the same age as A. M.
622 4⁰. It consists of 23 stanzas; *sic*:

1. Dyrðarfullr drottinn minn
dugi þú mér
svo at ek mætta,
mjúkt sem ek ætta
at minnast hér
þeirra greina
guðs hins hreina
er gæzku lér
göfigr Nikolás.

It is further contained with a varying number of stanzas
in several young paper manuscripts in the same collection[1].

---

[1] Also in 36 4⁰ of the Bókmentafèlag collection, cf. catalogue
p. 27; also in 64 4⁰ (twice) of the Royal Library in Stockholm, cf. Ar-

There is no authority further than the above reference in Hist. lit. Isl. for ascribing this particular poem to Hallr prestr. Halls definite literary personality is accordingly represented by the **Nikolásdrápa** and the four poems just named [to which may perhaps be reckoned the **Nikolásdiktr**], all of which, consistently with his profession and the time in which he lived, are on religious subjects.

The subject of the **Nikolásdrápa** is the life and miracles of St. Nicolaus, Archbishop of Mirrea in Lycia in the reign of the Emperor Heraclius. The drápa itself is a metrical paraphrase of the free Icelandic translation by Bergr ábóti Sokkason (abbot at Múnkaþverá 1325—1334) of the Vita beati Nicolai episcopi of Johannes Barensis.[1] The Icelandic version is published by Unger in Heilagra Manna Sögur (Christiania. 1877). II. p. 21 ff. under the title of Nikolaus saga erkibyskups.

In the fouth tractat (Málskrúðs-fræði; viðbætir) appended to the Snorra Edda occur three semi-strophes (vísuhelmingar), used as illustrations of figures of speech, which form all that has been preserved of an ancient laudatory poem by an unknown author[2] to St. Nicolaus. The passages are as follows:

Topographia[3] er þat, ef skáldit segir frá stað þeim er tíðindin gerðust, þau er hann vill frá segja, sem hér:

> Frið stóð í byggð breiðri
> borg Patera, sorgum
> mest áðr lýðr frá losta
> lut gættr í bý fættist.

Stundum[4] verðr *Ekbasis*, þá er skáldit tekr stef af öðru efni en kveðit er, sem í Nikolásdrápu, er stefit er af guðligri þrenningu, sem hér:

> Öll þing boða engla
> eining í þrenningu

---

widsson Isl. Handskrifter pp. 88—89; these are all late paper manuscripts.

[1] Cf. HMS. I p. XVI.

[2] Sv. Egilsson in Ritgjörðir tilheyrandi Snorra-Eddu (Reykjavík. 1849) p. 249 suggests as the author Nikulás Hallbjarnarson (or Bergþórsson) abbot at Múnkaþverá 1155—1160, but this is a mere supposition.

[3] SE. II p. 194.

[4] *ditto* p. 208 ff.

órofnuðu jafnan
alls grams lofi framda.

Stundum verðr *Ekbasis* af þvi, at skáldit tckr dæmi þeim
lutum, sem hann vill frægja eða úfrægja, af öðrum frásögnum.
Svá er ok í sama kvæði Nicholao dæmi tekin af hinum sæla
Jóhanne Baptista, at auka hans virðing, sem í þessi vísu:

Jón laut í höll hreinum
hjarta sæls hins bjarta
meyjar mannviz frægrar
mildingi bragninga.

Ok leiðir skáldit par lof Jóhannis svá til enda, at þaðan af
aukit lof heilags Nicholai.

In SE. II. in connection with the above are printed stanzas
7 and 8, half of stanzas 10 and 14, and stanza 16 of Halls
Nikolásdrápa.[1] A comparison of these strophes with those
of the other poem shows at once their similarity in thought
and treatment and the question may, perhaps, arise whether
Halls poem is not in its turn a paraphrase of the older **Niko-
lásdrápa**. This is, however, hardly probable as Halls poem
from first to last . follows the saga closely and unmistakably,
though it gives it by no means in its entirety, and continually
makes use of the same thoughts, words and constructions as
witness the following passage, given in the poem in strophes
16—17 (HMS. II. p. 64): Se her nyian son Zacharie, se her
brennanda lampa fagrt lysanda, se her frumgetinn son an-
narar Elisabeth! Hinn fyrri son Zacharie er fylldr med hel-
gum anda þegar i moðurkvidi . . . . Son fyrri Elisa-
beth syndi varn herra med sinum fingri . . . . . . sæll Nicho-
laus er pedissequus heilags Johannis, þat þydiz fylgiari eda
forunautr, þviat senniliga hefir hann gengit hans fotspor i
hreinlcik etc. It is safe to assume that the older as well as the
younger poem is a paraphrase of the same prose original,
although the older one may well have been written directly after
the Latin version.

The **Nikolásdrápa** consists of eighty-six stanzas (vísur)
of which 1—27 form the *upphaf;* the *slef* contains thirty

--- --- ---

[1] SE. II pp. 194—195 Note; *ditto* pp. 210—211 Note.

stanzas, 28—57, divided into six *steffjamál* of five stanzas each and two *steffjabálkar* containing each fifteen stanzas or three *stef-jamál*; stanzas 58—86 form the *slæmr*.

The metre of the poem is **hrynhent** represented in its purest form by:

$$\acute{-}\smile \mid \acute{-}\smile \mid \acute{\smile}\smile \mid \acute{-}\smile \mathrm{^1}$$

This scheme is throughout the poem subject to frequent modifications which are, however, according to the rules advanced by Sievers[2] everywhere consistent and systematic and the ground principle is never violated. This modification may in its extreme form be represented by:

$$\acute{-}\smile \acute{\smile}\smile \mid \acute{-}\smile \acute{\smile}\smile \mid (\acute{\smile}\smile \acute{\smile}\smile) \mid \acute{-}\smile$$

so that a vísuorð *may* have as many as 14 syllables. According to the requirements of the metre a *u*, printed in italics in the text, has been inserted before r-final preceded by a consonant (in fag*u*rt it is retained throughout the flexion) in the following instances:

6² fag*u*rt þjónuðu Eracliónis
8⁴ stend*u*r borgin döpr af sorgum
10⁴ mild*u*r drottinn lækna vildi
15⁶ mild*u*r svo at hann drekka vildi
21¹ guðs son býð*u*r greindum hjónum
24³ er fyrst*u*r kemr hér frægr at listum
25⁶ ljúf*u*r meðr einfaldleik dúfu
27⁸ hann prýddan áð*u*r ljósi skrýddist
30³ pönnu þríf*u*r prúðust kvinna
—⁵ flyt*u*r hana svo fram á stræti
31³ fræg*u*r, einkvæntr, ágjarn eigi
—⁸ slík*u*r maðr skal byskup ríkja
34³ hreinlíf*u*r var alla æfi
35³ eigi síd*u*r andar fæðu
48⁵ renn*u*r þá til rekka minnis
53⁴ drekkti nið*u*r þeirra iðrum

---

[1] Cf. Sievers Beiträge zur Skaldenmetrik. Paul und Braune Beiträge VI p. 271: Die **hrynhent** strophen fasst man am einfachsten als **dróttkvætt**, dem ein takt $\acute{-}\smile$ vorgeschoben ist.
[2] Skaldenmetrik. Beiträge V p. 449 ff.; *ditto* VI p. 265 ff.

10

54⁴ bliður faðir ok höggur¹ síðân
55⁴ hleypur enn við atburð þenna
57³ greindur bragr mun grípa enda
72⁷ kongrinn lætur sveininn sitja
73² harmi spentur Cedron þénti
77⁷ kvistur einn má kallast næsta
82⁶ mætur turn er veggja gætir
85⁷ sjálfur muntu sjá hvat hentar

The **alliteration** (hljóðstafasetning) is consistent throughout the poem; worthy of notice is the alliteration in:

79⁵⁻⁶ signaðr þessi cedrus eignast
sannlega hæð með öllum gæðum
38⁵⁻⁶ ölmusu gjarn með söngvum psálma
sætr ok mildr með lítillæti
59⁵⁻⁶ söng hann bænir ok psálma lengi
síðast vers sem lausnarinn bliði

The **rhyme** (hending) is inexact in 57⁴ where it, of course, represents aðalhending:

en gæzka Nikoláss aldri fætka

which may, however, be read:

en gætska Nikoláss aldri fætka

(cf. 4³ vizku ok siðsemd víslega gæzku
which may be read in the same way:

vitsku ok siðsemd víslega gætsku

the same rhyme occurs also in:

34⁵ vizkufullr ok valdr at gæzku).

rl = ll in:

40¹ gjörla eyddi hann gyðju villu
50⁶ gjörla sögðu af tilburð öllum

and in:

45⁶ kallast megu þat vitrir jarlar
46¹ féllu þessir frægir jarlar
56⁸ þvíat ofjarl má Nikolás kallast.

x = gs in:

21⁵ hugsar nú um hve megi vaxa
68⁵ gullit vox en Gyðingr hugsar

¹ So in the Ms.

f = v in:

78⁵ olívatré með heiðri háfum
(cf. 33³ líf ok klerkdóm hlýðni háfa
72³ reyfaði fé ok ríkar háfur).

The skothending is inexact in the single line:

36¹ fiiðsamr var um aldr ok æfi

The Ms. here has unmistakably *æfi* and not *aði* which would
be consistent both with rhyme and reason; it is quite prob-
ably an error of the transcriber.

24³ er fyrstur kemr hér frægr at listum

is, of course, to be read:

er fystur kemr hér frægr at listum

the text follows the Ms. in giving the first reading.

As regards the orthography the Ms. has been followed as
consistently as possible, but the difference between the age of
the poem and the time of its transcription has also been taken
into consideration, and changes have been made where they
have been thought necessary.

g-final, which the Ms. has throughout for O. N. *k*-final in *ek*,
mik, *ok*, *mjök*, has been replaced by -*k*.

ð-final stands in the Ms. partially, but not consistently, for
O. N. *t*-final in -*at*, -*it*, -*ut;* it has been printed
throughout -*t* except in the one line 5³ svo *að* ek
mega í sætri *ræðu* where it is necessary for the rhyme.
In this particular instance the Ms. has, however, *at*
and it is not improbable that -ð instead of -*t* (also -*g*
instead of -*k*) is throughout the more correct reading.

Before *ng* and *nk* the vowel *e* is lengthened to *ei* (in *eingi,*
skeinkti etc.) in the Ms. in a number of instances, but
quite arbitrarily; it has been printed throughout *e*.

i, j (in *sie, þjenti* etc.) is not retained.

On the other hand:

vo (= *vá, vó*) which is throughout the reading of the Ms.
has been retained.

ó-, negative, for O. N. *ú-* is retained.

-legr in adjectives (and -*lega* in adverbs) is retained.

gg and **kk** of the Ms. are retained (in *byggðir, dyggðir,*

drekkti, *blekkti* etc.); this gemination is peculiarly Icelandic and characteristic from the beginning.
Following the text are 1. explanatory references to the poem from Sv. Egilsson's Lexicon Poëticum which it appeared advantageous to print here together with the necessary (few) corrections; 2. a complete vocabulary with the reference-place of each word contained in the text. For a final collation of the text with that of the Ms. many thanks are due to Finnur Jónsson stud. philol. in Copenhagen.

1. I' nafni guðs vil ek upphaf efna
at veitanda helgum anda;
orðin vilda ek öll til dýrðar
einum guði með sannleik greina,
hann er í sínum helgum mönnum
hár ok sterkr af dýrðar verkum;
engi skilr þat ófróð tunga
undarlegt sem vinnr hann stundum.

2. Hvern dag vinnr hann hér með mönnum
hærra krapt, en þá er hann skapti
allan heim með himna höllu
ok hans umgöng af efni öngvu.
A'gústínus¹ innir næsta
ósljáléga í sínu máli
meira þat, er hann manninn gjörir
máta góðan af ranglátum.

3. Stýri máls ef hygg ek at hræra,
herrann sætr, um þitt ágæti,
stirðnar mæðist hugrinn, harðnar
hjartat kalt án vizku salti,
er þvílíkt, sem ungbörn læra,
orða brjál með stamanda máli;
eðlis lög eru engi í stuðlum
orða, nema úr spektar skorðum.

4. Veit ek mik eigi vanta lítit,
veslan þræl, um drottin mæla,
vizku ok siðsemd, víslega gæzku,
vilja góðan rétt at skilja,

---

¹ *Ms. has* Augustinus.

málsnild, aktan skýrra skálda,
skil ¹veglegrar Eddu reglu;
hræðumst ek því hróðr at smíða
nema himna sveit mér fullting veiti.

5. Almáttkan bið ek himna hilmi
at hreinsa brjóst frá synda þjósti,
svo að ek mega í sætri ræðu
um sælan Nikolás² nokkut mæla.
Mun ek þar næst á móður Kristi
málreitandi taka at heita,
at fylgjandi öllum helgum
einu ráði at vísan greinist.

6. Fyrr á dögum hins fræga herra
fagurt þjónudu Eraclíónis
ágæt hjón með elsku hreina
einum guði, sem bókin greinir;
Epíphánius átti væna
auðar bil, sem hér má skilja,
systurdóttur, æztrar ættar,
erkibyskups prýði klerka.

7. ³[I'] Patera borg með stöðum ok strætum
stóð þann tíd með blóma víðum
erkistóll, sá um má yrkja,
allvænn staðr, er Mirrea kallast.
Lifðu nú, sem lögunum hæfði
listug hjón, ok þágu af Kristi
getnað þann, sem guð berr vitni,
göfuglegan með lífi fögru.

8. Sem kviðug var af kviknuðu jóði,
kemr þat undr á nokkurri stundu
yfir stað ok fólk með stórlegum voða;
stendur borgin döpr af sorgum.
Inn í staðinn skjótt nam skríða
skæðr höggormr með bölvat æði,

¹ *Ms.* has veglegra Eddlu *both, of course, mistakes of the transcriber.*
² Nikolás *is spelled variously in the Ms.*: Nikolas, Nikulas, Nichulas *it has accordingly been normalized to* Nikolás.
³ ? *Illegible in the Ms.*

hugði sér at hafa þar byggðir
er hæð var mest, svo liti hann flesta.

9. Náttúru hans ok nafn skal votta
at nefnd meðferð hans kunnig verði;
básiliskus, hölda háski,
heitir hann ok er fullr af eitri.
Brennur[1] lopt af blæsti linna,
bráð líftjón eru fyr hans sjónum,
engi kind má ormsins vanda
eyða nema mústela deyði.

10. Hver megi [2]tjá, eða hver megi heyra,
hve mörg hundruð deyja mundu
manna, áðr en meistarinn svinni,
mildur drottinn, lækna vildi.
Sem tíðindi sagðra undra
sannlega tjást af hverjum manni
réttlátri frú, er nú átti
Epíphánius, at lýðrinn drepist,

11. Sampínist hún síðan raunar
sínum lýð ok tók at skrýðast
fólkvopnum, sem frægðar kappi
fúss í stríð með búning friðan;
fylldist upp af ástar eldi,
út gangandi í háska strangan,
ætlar sér í einum möttli,
innilega til móts við linna.

12. Eigi máttu ormsins augu
eitrleg henni skaða veita,
síðan neytir svinnust sæta
sídvandat ráð heilags anda;
kviðinn sýnir hún naktan naðri
nauðalinnrinn hreppti dauða,
birtust nú fyr bragna hjörtum
blídust tákn þau er reyndust síðan.

---

13. Nú sem framr er frúinnar tími,
fæddi hún svein með giptu hreina,
tíminn þegar með tákna blómi
tekr nú strax með lýðum vaxa.
Réttur¹ stóð þá mögr í miðri
munnlaug sjálfr um stund vel hálfa,
meðan at þvóttar þjónkan veitti
þjóð nýfæddum syni af móður.

14. Sú fagnaðar grein mun firðum sýnast
fyllast enn um guðs vin þenna,
at burðartíð hafi allík orðit
einni list ok Jóns baptista.
Faðir ok móðir fyllast gleði,
fúsir eru til þeirra húsa
frumgetinn son fara at líta
fagnandi sem konur ok bragnar.

15. A' brjósti móður byrjar föstu
brúðar kundr í reifum undinn;
frjádag hvern ok hinn fjórða eirninn
finnr ei meirr en einu sinni
móður sinnar mjólk ok fæðu
mildur svo at hann drekka vildi,
allan dag var eyðir villu
án fæðu þó at brjóstit mæðist.

16. Sé nýjan son Zacharíe,
sé brennanda lampa þenna,
sé hér frúinnar friðan annan
frumgetinn son Elízabethar.
Hinn fyrri var svo fylldr af æru,
friði helgaðr í móður kviði,
með fingri sín ok fróðri tungu,
fyrirrennari guðs nafn kennir.

17. Hinn sídari vann sonr í kviði
sinnar moður huggan þjóðum,
því berr saman um sæmd ok sóma
sannlega þessara dýrðar manna

¹ So in the Ms.

prúðan Nikolás [1]peðísechum
á palli Jóhannis vel má kalla
framgangandi fótspor tungu,
hans förunautr í veraldar þrautum.

18. Tíminn líðr svo hann tekr upp næmi
trúr ok hlýðinn meistara þýðum
lærði bók, en. leika forðast,
lausung varast, en festi klausur.
Einn tíð gjörir fyr ástúð bræðra
orlofs niðr af skóla at biðja
meirr fyr ást en leika lysti,
lærdóms bækr hann mest tók rækja.

19. Sveinar vóru á sandi vænum
í svelgs atfalli, Nikolás hallast
út frá bók þó aðrir leiki,
óvarlega því svefninn sljófar.
Æginn [2]gengur öllu megin
upp á láð, en hvergi náði
hár né klæði í háska miðjum
hertuga guðs eða bók at snerta.

20. Heila vann hann halta kvinnu
honum mætandi á borgar stræti,
frægðarverk um borg ok byggðir
blíðs ungmennis tók at renna.
At dæmum Jacobs hélt sik heima
í húsi föður hinn gæzkufúsi,
hallast burt frá heims ósnilli
hjartaþýðr ok feðginum hlýðinn.

21. Guðs son býður greindum hjónum
gisting til Paradísar vistar,
eptir þau tók auð ok giptu,
ærit fé með gulli skæru.
Hugsar nú um hve megi vaxa
helgust náð með guðspjalls ráði,
hvern veg hann skal stýra ok stjórna
slíkum auð svo at drottni líki.

---

[1] *Ms. has* pedisechum.   [2] *So in the Ms.*

2

18

22. I' glugga nokkurn gjörði at leggja
gull á laun ok gjörði raunar
meyjar þrjár frá munaðarfræi,
maðr kynstórr var þeirra faðir.
Þriðja sinn var petta kunnigt
þýðum bónda, ok gjarna hlýðir
góðmannlega guðs vinar ráðum,
gipti dætr ok fénu skipti.

23. Sem frægr staðr sá er fyrr af segir
er formannslauss ¹[í] veraldar stormi,
í Mirrea kómu þá margir herrar
merkilegir til samans ok klerkar.
Vinir guðs er vóru á bænum
vöktu opt ok heyrðu í lopti
rödd kallandi rétt með öllu
yfir ²rann[i] guðs ok talaði þanninn:

24. „Sá er maklegr meiðum hökla
ok merkilegr til hirðis klerka
er fyrstur kemr hér frægr at listum
firðr sorg til kirkju á morgin;
neytir vizku Nikolás heitir."
Nú skilja þeir drottins vilja,
vakir þar einn með vizku kloka
at veiðr sjá skal ei hjá þeim sneiða.

25. Hóglega leynist hirðir bagla
hljótt ok finnr þenna í óttu:
„grein þitt nafn með góðu efni."
Glæpa brjótr svarar á móti
með lútu höfði ok lítillæti,
ljúfur meðr einfaldleik dúfu:
„Nikolás em ek með verðleik veikan,
vesall ok aumr í glæpa straumi."

26. Heimullega tók hönd með sóma
heiðrsmanns ok í kirkju leiðir,
bráðla hrósar blíðr ok lýsir,

---

¹ ? *Hole in the Ms.*
² *Last letter illegible on account of a hole in the Ms.*

byskupsefnit gjörir at nefna.
Af lítillæti mælti á móti
menn allir hans gæzku kenna
sækja, gripa lærðir ok leikir
lifandi fórn til vegs ok stjórnar.

27. Stofna vil ek af stórum efnum
stefjapart ok drápu hjarta,
at verða megi til vegs ok dýrðar
vandat Nikolaó stef til handa.
Hverr hefir gjört í heimi fyrri
hjarteignir[1] svo stórar ok bjartar?
Himnaguð hefir hverskyns gæðum
hann prýddan áður ljósi skrýddist.

Fyrsti stefjabálkr.
Fyrsta stefjamál:

28. Meðan virðuleg vígsla gjörðist
var ein kvinna í staðnum inni
at lauga barn í heitri hvernu,
heldr móðir pönnu at eldi;
heyrir hún sem hátíð væri,
hvellar klukkur í staðnum gella,
sannan fögnuð sögðu henni
svinnir menn er kómu til hennar.

29. Gleymir því, er hún gjörði at fremja,
glaðlega rennr við fögnuð þenna
forkunnlega, ok fram til kirkju,
fastlega bíðr ut allar tíðir.
Henni kemr nú mögr til minnis,
mjök skundaði til barnsins fundar,
pannan stóð í eldi innan
einkarfast með velli kasti.

30. Hlýri lék við heitar bárur
heill ok kátr í allan máta,
pönnu þrífur prúðust kvinna
pínulaus með farmi sínum,
flytur hana svo fram á stræti;

---

[1] *Ms. has* hjart jarteignir (*? !*).

2*

firðar eigna slíkar dýrðir
mildi guðs ok verðleiks valdi
ens virðulegsta klerka hirðis.

31. Postulinn telr upp ljósar listir
lýðum tólf, er byskup prýða:
frægur, einkvæntr, ágjarn eigi,
óþrætinn, með friðar ágæti,
gestrisinn, með hófsemd hæstri,
hreinn, ok vitr, ok kunni at rita,
siðsemd vanr, ok sætr húsbóndi;
slíkur maðr skal byskup ríkja.

32. Sæll Nikolás var sannlega öllum
sæmdur [1] meir ok hálfu fleirum
kröptum þeim, sem skaparinn skiptir
ok skínanda gaf ástvin sínum.
Svo þykksettar dyggðir drottinn
dásamlegum gaf Nikolási,
sem mundangs hófit heilags anda
hafi smíðat sér gimstein fríðan.]
Annat stefjamál:

33. Frægðarmaðr var fágari dyggða
fyr veglegra postulans reglu,
líf ok klerkdóm, hlýðni háfa
hélt hann fast með eyðing lasta.
Honum unni því hverr sem annarr
hugástum, án neins mótblástrar;
lysti öngvan lýð at ganga
með ljótum verkum honum á móti.

34. Nikolás prýða nýtir síðir
í næstu grein sem postulinn meinar,
hreinlífur var alla æfi,
án þeim flekk, er marga blekkir;
vizkufullr ok valdr at gæzku
í veraldar stétt ok dómum réttum,
skrifari góðr með forsjá fríðri
fljótr ok skýrr til sálubótar.

---

[1] So in the Ms.

35. Gestrisinn með gefnum kosti,
glaðr ok blíðr við alla síðan,
eigi síður andar fæðu
unni hann þeim er hann gistu heima.
Prédicátor glöggr ok gætinn,
grundvöll hafði hann klerkdóms fundit;
hitnuð ást í helgu brjósti
honum kennandi framburð þenna.

36. Friðsamr var um aldr ok ¹ æfi,
öngvan gjörði pynda eðr þröngva,
samtempraði með djúpum dæmum
dyggð réttlætis ok miskunn sæta.
Um þrætur var honum löngum lítit,
lastleg orð hann vildi forðast,
ágirndar rót illra skeyta
eiturlegri fastlega neitir.

37. Vaskr húsbóndi ok virðum kenndi
virtaráð, en löstu hirti;
embætti með ýmsum stéttum
erkibyskup veitti klerkum.
Svo þykksettar dyggðir [drottinn
dásamlegum gaf Nikolási,
sem mundangs hófit heilags anda
hafi smíðat sér gimstein fríðan.]
Þriðja stefjamál:

38. Sem byskupstign hefir bjarta eignazt
búinn í stríð með hófsemd ²[fríðri
dag]lega hélt hann dýra reglu
í drykk [ok]³ vist með beztu listum,
ölmusu gjarn með söngvum psálma
sætr ok mildr með lítillæti,
gjörði þar með glæpi at forðast
guði unnandi af hjarta ok munni.

39. Hátt dyrkaði hann heilaga kirkju,
ok hennar rétt, er Sýon kennist

¹ So in the Ms.
² ? Hole in the Ms.
³ ? do. do.

mæta fylgt hann með sér valdi
ena merkilegustu lærdóms klerka,
saddi hann þá með sætum kryddum
svo vorðinna spektar orða,
eilíflega sem einni sálu
unnast þeir af hjarta ok munni.

40. Gjörla eyddi hann gyðju villu
gamalli, er þeir Díánam kalla,
ok gallsúru djöfulsins dári
drekkti hann niðr, því er ýta blekkti.
Villumeistarans flærðarfulla
fekk hann sigrat klóka hvekki,
blíðu heims ok blekking flúði,
bölvuð ráð hans öll forsmáði.

41. Geymdi hann sín, þó hann gæzku framdi,
geðfastlega við ofran lasta
æ · því meir sem hann var hærri
í heilagleik þvíat varla reiknast,
nær finnist af nokkurum manni
nálega tjáð, at svo hafi ráðit
öllum hjálp, þegar á hans kalla
ágætt nafn í fjarska jafnan.

42. Hraustir menn í hríð ok frosti
hétu enn á guðs vin þenna,
enn helgi mann í hafsins bylgjum
hjálpaði þeim ok var þó heima.
Svo þykksettar dyggðir [drottinn
dásamlegum gaf Nikolási,
sem mundangs hófit heilags anda
hafi smíðat sér gimstein fríðan.]

Annar stefjabálkr.

Fjorða stefjamál:

43. Driflegan mann ok þeim ókunnan
þegnar litu í hafsins megni
uppi á skipi ok kvaddi kappa:
„kallat hafi þér til mín allir
nú em ek hér í nauðsyn stóra".

Nægir ráð, en bylgjur lægir
bæði styrkir bönd ok reiða
blíðr um stund, en ¹hverfur ²[síðan].

44. Skipverjum tók skótt at byrja
skunda ³[þeir til bysku]ps fundar,
frjálsara sinn þeir fullvel kenna,
falla á kné, ok þakka honum allir.
Síðan talar hinn sæli faðir
með sætri raust ok lítillæti
fyr hreina trú ok helgar bænir
hafa yðr ráðizt slíkar náðir.

45. Þrjá saklausa menn af miklum
morðarans dómi frelsa þorði,
ávítaði með ógnar hótum
illan dóm ok lögmáls villu.
Kunnigt var þat keisarans mönnum
kallast megu þat vitrir jarlar
heyrðu ok sáu herrans gjörðir
hugleiðandi slíkan vanda.

46. Féllu þessir frægir jarlar
fríðir enn á nokkurum tíðum,
af vondra manna rógi reyndar,
í reidi keisarans, ok svo leiðast
til myrkvastofu, svo máttu hvorki
mætum lögum né vörnum sæta,
at morni skyldu mæta eirninn
mikilli nauð ok sárum dauða.

47. Mál er komit í mærðar skóla
at minnast til svo stef megi finnast,
engi fær þat jardnesk tunga
innt því nær, sem verdugt væri.
Sæti guðs var í sálu hvítri
sæls Nikolai, sem ritning mælir
hæstrar spekinnar himnaríki
hlaðinn, ok skyggðr í spáleiks dyggðum.

¹ So in the Ms.
² ? Hole in the Ms.
³ ? do.   do.

24

48. Sem dauða úrskurð diktaðan heyrðu
    dyrlegir menn er fjötrar spenna
    reita hár með raminlegum gráti,
    rifu sín klæði, ok dauða hræðast.
    Rennur þá til rekka minnis,
    rétt í stað, hve heilagr faðir
    forðum hafði frelsta gjörða
    firða þrjá af dauða bráðum.

49. A' guð[s játara þeir][1] gj[örðu at][2] heita
    grátandi með aumlegum látum:
    „nálægr vertu Nikolás sæli
    nauðum vorum í háska dauðans".
    A' [3][sö]mu nátt í svefni þóttist
    sjálfur[4] keisarinn pipra ok skjálfa
    fyr þau hót ok harða vítan,
    er heyrði hann af dýrðar manni.

50. Hann vaknar skjótt ok virða reiknar
    verða sæmd, þá er ranglega dæmdust,
    leysa bauð ok sendi síðan
    sætum föður med kveðju mætri.
    Greindir menn þegar guðs vin fundu
    gjörla sögðu af tilburð öllum,
    háleit ást í helgu brjósti
    hitnar enn fyr þvílíkt vitni.

51. I' Licía skeði litlu síðar
    líkams hungr með árferð þungri,
    keisarans skip í hafnir hlaupa
    hveiti ok kost þeir öllum veita.
    Helgum Nikolaó hundrað mæla
    af hverju skipi þeir gjörðu at verja,
    en fullan reikning fá þó allir,
    fagna ok hrósa táknum ljósum.

---

[1] ? *Hole in the Ms.*
[2] ? *do. do.*
[3] ? *do. do.*
[4] *So in the Ms.*

52. Önnur jartcign eigi minni
upp veitandi fyrr sagt hvciti,
allir tóku fögnuð fullan
fæðu ok þar með ávöxt sæðis.
Sæti guðs var í sálu hvítri
[sæls Nikolai, sem ritning mælir
hæstrar spekinnar himnaríki
hlaðinn, ok skyggðr í spáleiks dyggðum.]

Sjötta stefjamál:

53. Bóndi nokkurr bráðr í lyndi
byrgði í saltgröf þrjá menn myrða,
dálegr þuss í djúpum fossi
drekkti niður þeirra iðrum.
Guðs vin kemr at greipum straumi,
grjót ok iðr fara upp á móti,
leggr hann iðr í líkama dauða
þeir lifna viðr en bóndi iðrast.

54. I' lundi stórum illgjarn andi
átti byggð ok lýðinn styggði,
fyr bænarstað gaf blezan sína
blíður faðir, ok ¹höggur síðan
sjau sinnum, ok seggjum kennir
at safnast til í drottins nafni,
at fella trét en fjandi kallar,
ferr sem stefnar ok býst til hefndar.

55. Eikin ríðr ok eignar dauða
allri þjóð þar er flestir stóðu.
Herra Nikolás höldum nærri
hleypur enn við atburð þenna
undir trét ok hratt við höndum,
háleit verk eru slík stórmerki,
cípresso nam sterklega steypa
stundarlangt frá menja lundum.

56. Undan stökk enn óhreinn andi,
út skriðandi úr brunni fríðum,
talar þá lágt svo trautt má skilja

_____
¹ *So in the Ms.*

með tanna gníst ok þungri blístran:
„optast verð ek í okkrum skiptum
undan láta á hverri stundu;
þunga hefi ek af þessu fengit,
þvíat ofjarl má Nikolás kallast".

57. Viknar fyrr en verk hans reiknist
vitit ok mál í hyggu skála,
greindur bragr mun grípa enda
en gazka Nikoláss aldri fætka.
Sæti guðs ¹er í sálu [hvítri
sæls Nikolai, sem ritning mælir
hæstrar spekinnar himnaríki
hlaðinn, ok skyggðr í spáleiks dyggðum.]

Slæmr.

58. Faðir vor sæll í fríðri elli
fekk sjúkdóm ok leggst í rekkju.
Eugenía ágæt kona
af sjúkum tók heilsu mjúka
sút ok trega með sárum gráti
sauðir fengu í hirðis dauða,
sermonem með huggan harma
hunangfljótandi gaf hann á móti.

59. Síðan skipar hann sínu ráði
ok sér veitast með ástúð heitri
farnest sætt ok fríða smurning,
friðarkoss gefr með tárafossi.
Söng hann bænir ok psálma lengi,
siðast vers, sem lausnarinn blíði,
sálin var til himna heilög
háleit borin af engla sveitum.

60. Um legstað hans mun ek lítit ræða;
laginn var hann í steinþró fagra
í kirkju hvolfi ok Sýon sjálfri
settr niðr hjá altari miðju.
Veitir drottinn vatn af fótum
en viðsmjör skært til heiðrs ok æru

---

¹ *So in the Ms., instead of* var *as in* 47 ᵇ, 52 ᵇ.

af höfði rétt til heilsubótar
hreinust gefst þar lækning meina.

61. Lifir hann en ok er liðinn frá mönnum
í læknisdóm, sem veröldin hljómar,
hellir út um heiminn allan
heilsu vín af líkama sínum.
Till beggja handa byskups sendir
beimum, sem þá hann lifði í heimi,
langt ok vítt, sem firðar frétta
fara leitandi at helgum sveita.

62. Blindir, haltir, brotnir, skeindir,
brunnir, hljóðir, kaldir, óðir,
líkþráir, veikir, limafallssjúkir,
lamdir, daufir, bjúgir, kramdir,
fátækir menn, flokkar ríkir,
fjarlægir, nánir, konur sem karlar,
krepptir, móðir krjúpa ok skríða
kveinandi at líkama hreinum.

63. Maðr einn ríkr til Mirream sækir
með of fjár á hverju ári;
ungan son lét eyðir spanga
enn í ferð með höldum verða
blíðan sigldu byr ok góðan,
biðr hann svein í gullkeri hreinu
með góðri lukku gefa at drekka,
gekk þá sveinn at kistu hreinni.

64. Tekr upp kerit ok sýnist saurugt
seilist út at fiska hlútu,
bylgjan ríss ok bæði svelgir
bjartan svein ok gullit hreina.
Seggir fóru síðan hryggir,
sútafullir í hafinu úti
á lítandi skilnað skjótan,
skilja eigi Nikoláss vilja.

65. Hinn ríki maðr til Sýon sækir
síðan offrar thesaur fríðan,
gimsteina með gulli vænu
greifi sagðr á altarit lagði.

Fljótt var þessu fleygt a brottu
fram á gólf en burgeiss skammast;
heitrof sitt með harmi játar
hryggðist nú því hann guðs vin styggði.

66. Semr nú heit, at sveininn láti
sendast aptr með guðdóms krapti,
at gefa til Sýon gnóg auðæfi
gull ok silfr með iðran fullri.
Ungan mann sjá ýtar ganga
inn í kirkju í þessu sinni
berandi ker í hægri hendi,
heilsar feðr með sætri kveðju.

67. Eptir spyrja sorgum sviptir
sveininn hvat honum barg í meinum:
„kurteiss maðr í kafinu niðri
kom til mín í möttli fínum,
um langan veg mik leiddi hingat
ljúfr ok bliðr en hvarf mér síðan.“
Fyllast nú með fögnuð allir
færandi lof guðs vin skærum.

68. Gekk einn maðr at Gyðingi nokkrum,
gull med smán hann tók at láni,
sór hann eið at selja Júða
ef safnast fé í Nikoláss nafni.
Gullit vex, en Gyðingr hugsar
gott til fjár á þessum árum,
heimtir fét í skornum skamti,
skilr at hinn muni fresta vilja.

69. Kaupmaðr heldr kvezt hafa goldit
kappi ok fæð, en Gyðingr hræðist,
fellr dómr firða á milli
at fá honum gjald nema eiða haldi.
I' holaðan staf með vondum vélum
vegr hann gull með djörfung fullri,
prettvíss maðr at Gyðing glotti
gjaldi ok staf hann biðr hann halda.

70. Vinnr hann eið á vondskap þenna,
víkr á leið ok sofna beiðist,

af megni hlaupa margir vagnar
manninn sundr á ¹slćtt[ri] grundu
brotnar stafr ok berr honum vitni
um brögðótt ráð, þau er öllum tjáðust;
Júði bað nú lífs hinum liðna
lausnarans náð með Nikoláss ráði.

71. Herra Nikolás heyrir fyrri,
enn heiðni maðr til kristni leiðist,
lifnar maðr, en Ebreus efnir
öll sín heit ok villu neitir.
Báðir tóku beiska iðran
burt kastandi heiptar jastri,
lofuðu guð ok liðu síðan
langtum betr en fyrr sé getit.

72. Einn dauða son var djarfr ok heiðinn,
dálega kvæntr er Mirream rænti
reyfaði fé ok ríkar háfur,
ruplaði menn ok fjötrum spennir.
Harri tók í herför þeirri
hallarmann þann Cedron kallast,
kongrinn lætur sveininn sitja
í sinni höll ok bera sér minni.

73. Hátíðisdag herrans sæta
harmi spentur Cedron þénti,
kongrinn spyrr, hví hann kvelst af angri,
kveðr ei Nikolás hann mega gleðja.
Kongrinn tekr, en kostr er engi,
kerinu á mót at hann Cedrons njóti;
sama punkt, er hann skjöldung skenkti,
skjótlega hvarf frá byrlara starfi.

74. A' sömu tíð í Sýon heima
syngst prócessía framan til messu,
kennimenn at kirkju ²sunn[an]
komandi sjá þar Cedron standa
berandi ker í hægri hendi

---

¹ *Last part of the word illegible on account of a hole in the Ms.*
² *Last part of the word illegible on account of a hole in the Ms.*

30

[hátt]¹ ok kurteislega sem mátti,
fullt, en af því hvergi he[llt]ist²,
heiðra klerkar slík stórmerki.

75. [Ᵽ]³ reiði kongs ok ráðinn dauða
 rataði einn tíð fyr dóttur [b]líða⁴
meistari fróðr í lærdóms listum;
lífs ok náða allir báðu.
Kongrinn gefr ei lífsgrið lengri,
en liðna nótt, nema hann sýni í óttu
nýtt historía um Nikolás vottat
hinn næsta dag með lofsöng fagran.

76. Meistarinn skilr nú mannsins listir
móti náttúru þvílíks háttar,
á guðs játara ⁵[hann] gjörir at heita
í greindri nauð, at hann forðist dauða.
Fyrir íblástr guðlegs gneista
glósar hann söng með langri prósu,
nær fór þat á næstu ári
fyr Nikoláss dyggð um heimsins byggðir.

77. Hjarteignir hefi ek brögnum birtar
um blóma lífs ok Nikoláss sóma,
hinar eru þó miklu meiri
en máttulegt er at greina í háttum.
Heimr er fullr hvolfa á milli
af hans stórmerkjum góðra verka;
kvistur einn má kallast næsta
í kvæði sett af víntrés gæðum.

78. Grikklands ertu geisli ok birti,
göfuglegt ljós ok sætleiks rósa,
lilja hvít með lífi sætu,
lýða sigr í nafni þýðu.
Olívatré með heiðri háfum
heitir þú fyr ilm ok feiti,

---

¹ ? *Hole in the Ms.*
² ?   *do.*   *do.*
³ ?   *do.*   *do.*
⁴ ?   *do.*   *do.*
⁵ ? *Illegible in the Ms.*

kertisstika fyr kenning bjarta
kristins dóms með heiðr ok sóma.

79, Vel má at þessum veglega pálma
víkja í tveimr dæmum slíkum;
hæfir leggrin hörðu lífi,
en himna vist hans blómakvistum.
Signaðr þessi cedrus eignast
sannlega hæð með öllum gæðum,
ærufullur¹ aldri spillist
ilm ok feiti, jafnan sveitir.

80. A' viðinum eru svo vegleg gæði
í vænu laufi ok ²epl[um] grænum,
grasanna frægð með dýrum dyggðum
dróttir græða af allskyns sóttum.
Þúsundfalda meiri ³[mil]di
mjúka veitir Nikolás sveitum;
hundrað sinnum hefir hann reyndar
hálfu fleiri dyggðir sjálfar.

81. Fyr englalíf er hann efri tungli
í skínandi kröptum sínum
leiðarstjarna lífs ok náða,
lyða sól ok krapta skóli.
Födurlausum faðir at vísu,
fekk hann ráð til verndar ekkjum,
öllum þeim sem á hann kalla
eyrat hneigir gjarna at heyra.

82. Gullker ertu guðs þat er allir
gimsteinar prýða innan hreinir,
óleum skenkir sjúkum sálum
ok sæta mjólk þá er heilsu bætir,
musteri guðs í múri föstum,
mætur turn er veggja gætir,
altari guðs er öndin stolta
inni standandi í tjaldbúð þinni.

¹ *So in the Ms.*
² *Last part of the word illegible on account of a hole in the Ms.*
³ *? Hole in the Ms.*

32

83. Hani syngjandi helga vængi
hóglega skekr ok gjörir at vekja
vænan lýð til víngarðs iðju;
í veraldar nótt þú kenndir dróttum;
gjörðir þú sem ¹góður hirðir
at græða hjörð af vargi skæðum;
hærri en fjall í heiðri öllum;
hrein skuggsjó at sjá við meinum.
84. Háfan stiga til himins at klífa
hefir þú rétt með pöllum settan,
traustan veg meðal tveggja ásta,
tólf agætum lítillætis.
Páfugls hefir þú prýði ok dúfu,
pellicánus at veraldar láni,
túrtúr hrein með bænum björtum
bær vandaðr hins helga anda.
85. Vona ek meir á mildi þína
en maklega hefnd, þó ek óvænt stefndi
dularfullr drápu at mæla
um dýrðar verkin þín hin sterku.
Fyr ljóðin þori ek ²[lau]na at biðja,
legg ek málit í þínar skálir,
sjálfur muntu sjá hvat hentar,
ok svinna vernd í máli finna.
86. Biðja skulum vér byskup sælan
at blíðr ok hreinn með ³[rö]ddu einni
veiti oss þau veraldar mæti,
í vora þörf at nytsemd störfum,
eptir lífit andlega gæfu
einna bezt þá varðar mestu,
andir séu til sælu sendar
svo blífi þær at eilífu.

Amen.

_____

¹ So in the Ms.
² ? Hole in the Ms.
³ ? do. do.

Explanatory

references to the Nikolásdrápa in the
Lexicon Poëticum.

[The figures indicate the pages of the dictionary.]

1. 1. efna upphaf *ordiri (carmen).* 119.
   3—4. greina orð *verba facere, de condendo carmine.* 268.
   5. ille *(deus) inest in Sanctis suis.* 434.
2. 3—4. umgöng heims *circuitus mundi, totum spatium quod mundus complectitur.* 832.
   8. máta góðr *satis bonus, probus, integer, opp.* ranglátr *injustus.* 551.
3. 4. vizku salt *sal sapientiae.* 680.
   6. orða brjál *verba depravata, lingua corrupta.*
   5—6. *haud aliter est, quam cum infantes lingua balbutienti verba depravata proferunt.* 82; stamanda mál *sermo lingua haesitante prolatus, sermo balbutientium, qualis infantum.* 772.
   7. eðlis stuðlar *recta ratio literarum metricarum.* 787.
   8. spektar skorður *fines certa ratione circumscripti, justae regulae metricae.* 736.
   7—8. *ubi construo:* engi orða lög eru í eðlis stuðlum, nema (*sed*) úr spektar skorðum, *hic* eðlis stuðlar, *literae metricae servae rectae rationis, i. e. recta ratio literarum metricarum servarum, secundam quam voces in carmine disponuntur.* 147.
4. 5. aktan skýrra skálda *notatio intelligentium poetarum, opera peritis poetis data, cognitio operum poeticorum.* 7.
   6. Eddu regla *praecepta Eddica, poetica.* 650.
5. 6. in *exordio sermonis, carminis.* 545.
   8. at vísan greinist *ut carmen proferatur, sub manu succedat.* 268.

3

34

8. 1. *ubi concepto fetu gravida erat.* 487; kviknuð jóð *fetus conceptus.* 485.
10. 5—6—7. tíðindi tjást réttlátri frú af hverjum manni *referuntur, narrantur.* 817.
11. 1—2. hún sampínist sínum lýð *civium suorum miseratur, malis civium commovetur.* 682.
5. ástar eldr *ignis amoris.* 132.
5—8. *i. e.* fylldist upp innilega af ástar eldi. 440.
12. 1—2. ormsins augu eitrleg *venenosi serpentis oculi.* 129.
3—4. neyta rád *concilio uti.* 600.
4. siðvandat rád *ratio honesta.* 711.
13. 1. framr *quum aderat tempus pariendi.* 197.
14. 1. fagnaðar grein *res laetabilis, animum voluptate perfundens.* 268.
16. 2. brennandi lampi *ardens, lucens.* 492.
7. fróð tunga *lingua docta, doctrina, institutio.* 207.
17. 1—2. vinna þjóðum huggan *solatium adferre hominibus.* 409.
7. (*Johannis*), *insistens linguae vestigiis, i. e. Johannem Baptistam dictis* (*ut factis*) *referens.* 195.
18. 3. læra bók *literas dicere.* 511; forðast leika *ludos adversari, ludis abstinere.* 506.
4. festa klausur *disciplinas memoriae mandare.* 465.
6. *veniam petere e schola discendendi.* 627.
8. rækja lærdóms bækr *literis operam dare.* 511.
19. 2. atfall svelgs *accessus maris.* 798.
4. svefninn sljófar *somnus habetat* (*artus*). 749.
20. 7. *hominum vanitatem, rerum humanarum vanitatem aversari.* 633.
21. 1—2. býður gisting til Paradísar vistar *invitat eos, ut in Paradiso hospitentur.* 243.
23. 3—4. koma til samans *convenire.* 681.
24. 1. hökla meiðr *gestator humeralium, clericus; is clericis dignus est, i. e. is dignus est, quem episcopum cooptent.* 375.
5. neytir vizku *vir prudens, sapiens.* 600.
8. sneiða hjá e-u *praeterire aliquid, excidere aliqua re; ne haec captura eos praetereat, i. e. ne ipse hoc commodo exciderent.* 753; *ne ea captura se praetereat, i. e. ne eo commodo* (*dignitate episcopali*) *excidat.* 861.

25. 1. hirðir bagla *episcopus, vel viri clerici ordinis.* 34; *custos lituorum, episcopus.* 339.

5. með lútu höfði *inclinatio capite (venerabundus).* 538.

8. glæpa straumr *vortex, gurges, vorago peccatorum.* 784.

26. 8. lifandi fórn *viva oblatio, de Sto. Nicolao inaugurando.* 192.

27. 1. stefna¹ stefjapart af stórum efnum *ex ingenti materia partem versuum intercalarium inchoare, instituere.* 774.

2. drápa hjarta *cor encomii, id. qu.* stef *versus intercalares.* 347.

1—4. *(ubi forte pro* ok drápu *legendum sit* í drápu*): ex ingenti materiae copia deputabo partem intercalariam, encomio interserendam, ut versus intercalares in honorem et gloriam Nicolai artificiose elaborare possint.* 347.

28. 6. hvellar klukkur *sonorae campanae.* 423.

29. 4. bíða fastlega *constanter prestolari.* 159.

5. *filius ei in mentem venit.* 571.

8. vellu kast *æstus ferventis aquae, bullitus.* 457; *impetus aquae ferventis.* 864.

30. 2. í allan máta *omni ex parte, omnino, plene.* 551.

31. 6. kunni at rita *literarum peritus, artis scriptoriae gnarus.* 664.

8. *talis vir episcopi munere fungi debet.* 662.

32. 5. þykksettar dyggðir *multae virtutes.* 114. 931.

7. mundangs hófit heilags anda *sapientia Sp. Sancti.* 584.

33. 2. postulans regla *praecepta Apostoli.* 650.

4. eyðing lasta *extirpatio vitiorum, studium honestatis.* 147.

6. án neins mótblástrar *sine ulla offensione.* 582.

34. 4. án þeim flekk *sine illa labe, vitio.* 14.

3—4. *in omni vita castus, expers erat vitii illius, quod multos homines corrumpit.* 183.

35. 4. gista mann heima *domi apud aliquem hospitari.* 243.

6. grundvöllr klerkdóms *fundamentum doctrinae.* 275; *fundamentum muneris v. doctrinae clericae, vocatur ars homiletica.* 466.

7. *ardens amor in pectore excitatus.* 340.

36. 4. dyggð réttlætis *virtus justitiae,* oppos. miskunn *clementiae.* 659.

3—4. *justitiam et clementiam temperavit, apte commiscuit, consociavit.* 813.

---

¹ *Ms. has* stofna = stefna.

3*

36

6. lastleg orð *verborum contumelia, maledicta.* 495.
7. ágirndar skeyti *tela averitiae.* 725.
7—8. eitrleg rót ágirndar skeyta *venenata radix avaritiae jaculorum.* 129; neita ágirndar rót *avaritiam fugere.* 597.
8. neita fastlega *constanter negare.* 159.
37. 2. hirta ¹losta *libidinem cohibere, coёrcere.* 339. 535.
38. 3—4. halda dýra reglu í drykk [ok] vist *in potu victuque modum egregie servare.* 650.
39. 1. *sancte, religiose coluit.* 299.
4. lærdóms klerkar *eruditi clerici.* 511; merkilegustu lærdóms klerkar *viri docti, eruditione maxime insignes.* 466.
5—6. krydd spektar orða *condimenta prudentium sermonum, eloquentia.* 479.
40. 3—4. dár, er blekkti ýta *ludibria, fraudes, quae homines decipiebant.* 62; *felleaque diaboli ludibria, quae homines deceperant, suppressit.* 95.
5. flærðar fullr *astutiis plenus (de diabolo).* 183; meistari flærða *fraudum, erroris, diabolus.* 558.
6. klókir hrekkir *astuta fallacia (diaboli).* 467. [*The passage is really* Hann fekk sigrat klóka hvekki (*not* hrekki) villumeistarans flæðarfulla *i. e. astutos dolos malos (= malas astutias) magistri errorum, malitiae pleni, vincere potuit.*]
41. 1—2. geyma sín við löstum *cavere sibi a vitiis, fugere vitia.* 237.
2. ofraun lasta *illecebrae vitiorum.* 614. [ofran *not* ofraun. *The passage is to be construed thus:* Hann geymdi sín (þó hann gæzku framdi) geðfastlega við ofran lasta æ því meir, sem hann var hærri í heilagleik, þvíat varla reiknast nær finnist nálega tjád af nokkurum manni, at svo hafi jafnan ráðit öllum hjálp, þegar (menn) kalla á hans ágætt nafn í fjarska *i. e. se servavit constanti animo adversus vitiorum minas eo semper magis, quo altior in sanctitate fuit, vix enim inveniri potest, de ulla homine similiter narrari, eum (ullum hom.) semper auxilium omnibus ita (ut Nicholaus) tulisse etc.*]

¹ *Ms. has* löstu *acc. plur.* löstr *defectus, plur. vitia.*

3—4. hár í heilagleik *sanctitate excellens.* 299. 310.

8. í fjarska *procul, loco remotiore.* 175.

43. 2. í hafsins mcgni *in maris violentia.* 286; *saeviente pelago.* 555.

46. 6. sæta lögum ok vörnum, *id. qu.* njóta laga, ná lögum *juris beneficio frui, uti, jus obtinere.* 698.

47. 7—8. hæstrar spekinnar himnaríki hlaðinn *caelesti regno summae sapientiae abunde ornatus.* 351.

8. spáleiks dyggðir *virtus vaticinandi, ars divinandi.* 764; skyggðr í spáleiks dyggðum *divinandi virtute illustris clarus.* 742.

48. 1. diktaðr dauða úrskurðr *pronunciata sententia damnatoria.* 100.

3. reita hár *lacerare comam (in luctu).* 652.

4. rifu klæði sin *vestes suas lacerabant (in luctu).* 661.

5—6. rennur þá til rekka minnis, hve *recordantur.* 571.

49. 1. játari guðs *dei confessor.* 449.

7. *propter minas illas et gravem objurgationem.* 889.

50. 7. háleit ást *amor excellens.* 291.

7—8. ást hitnar í brjósti *ardens amor excitatur in pectore.* 340.

51. 5. hundruð mæla *centum medimnos.* 560.

7. *omnium ratio constat.* 651.

53. 5. greipr straumr *aestus rapidus.* 268.

55. 6. háleit verk *opus excellens.* 291; *talia miracula sunt opera excellentia.* 291.

57. 2. hyggju skáli *domicilium animi, pectus.* 716.

3. *prolatum carmen fini adpropinquat.* 273.

58. 7. huggan harma *solatium dolorum.* 409.

7—8. hunangfljótandi sermon *oratio melliflua.* 413; *orationem melliftuam cum solatio dolorum vicissim dedit.* 413.

59. 1. skipa ráði sínu *res suas ordinare, de moribundo.* 646. 728.

2. með heitri ástúd *fervido amore.* 315.

4. tárafoss *effusae lacrimae.* 194; friðarkoss *osculum pacis.* 474.

60. 3. hvolf kirkju *camera templi.* 428.

6. til heiðrs ok æru *ad honorem et gloriam.* 138.

61. 3—4. effundit vinum sanitatis, *de vi miraculosa sanguinis Sancti Nicolai.* 321.

62. 7. krjúpa ok skríða *in genua procumbunt et repunt.* 478.

63. 3. eyðir spanga *violator squamarum (loricae), vir.* 765.

5. sigla blíðan byr *vento secundo commodo navigare.* 703.

7. með góðri lukku *bono omine.* 536.

64. 2. fiska hlút *lixivium piscium, mare.* 361; *brachia extendit ad mare, mare versus (ut poculum aqua marina lavaret).* 361.

68. 2. taka gull at láni *aurum mutuum sumere.* 492.

7. í skornum skamti *circumcisa portione, i. e. parce, circumcise.* 716.

69. 5. holaðr stafr *baculus cavatus.* 375.

71. 2. heiðinn *de homine Judaeo, s. non christiano.* 316.

4. neita villu *pravam religionem abjicere.* 597.

6. heiptar jastr *fermentum irae.* 449.

72. 2. ranti Mirream *urbem Mirream depopulatus est.* 657.

3. *opes ac divitias praedatus est.* 287.

8. bera e-m minni *poculum adferre cui, pocillatoris munere fungi.* 571.

73. 1. hátíðisdagr *dies festus.* 303.

1—2. Cedron þénti hátíðisdag *C. die festo mensis ministravit.* 907.

2. spentr harmi *doloribus circumseptus.* 766.

7. skenkja e-m *poculum alicui infundere, pocillatorem agere.* 721; sama punkt, er *eodem tempore, quo.* 639.

74. 7. *nihil inde effunditur.* 321.

75. 3. lærdóms listir *literae.* 511.

76. 5. innblástr[1] guðlegs gneista *afflatus divini igniculi, inspiratio Spiritus Sancti.* 439; fyrir innblástr *per inspirationem.* 215.

6. glósa söng *carmen condere.* 253; *hymnum longi argumenti componit.* 639.

78. 2. sætleiks rósa *rosa dulcedinis, rosa dulcis.* 699.

4. lýða sigr *ríxŋ τοῦ λαοῦ i. e. Νιχολάος.* 704.

5—6. olívatré heitir þú fyrir ilm ok feiti *olea vocaris, fragrantia et pinguedine insignis.* 162.

7—8. kristinn dómr *christianismus, christiana ecclesia:* kertisstika kristins dóms *lychnuchus christianae ecclessiae, de S. Nicolao.* 477.

---

[1] *Ms. has* iblastr = innblástr.

79. 8. (*cedrus*) *sudat odores ac pinguedinem.* 162.
80. 3. grasanna frægð *honor herbarum, i. e. herbae (medicinales) eximiae.* 200.
81. 3. leiðarstjarna lifs *stella vitae, de S. Nicolao.* 509.
83. 8. *purum speculum cavendis vitiis, i. e. vir, cujus exemplo discere potes, quomodo vitia fugienda sint.* 740.
84. 6. *hominum commodis proprio vitae periculo inserviens.* 638.
85. 7. *ipse, quid mihi expediat (utile sit), perspicis.* 323.
86. 3. veraldar mæti *bona terrestria.* 566.
   7—8. *animae (nostrae) in vitam beatam transmittantur, ibique perpetuo maneant.* 62.

Under *rikr* p. 662 is cited „Nik. 3. bragða ríkr *dolis valens, fraudulentus*"; under *vell* p. 864 is cited „Nik. 13. eyðir vells *consumtor auri, vir*"; the expressions neither occur in the stanzas indicated nor in the poem at all.
18. 8. is wrongly cited „rækja lardóms greinir *literis operam dare*". p. 655.
73. (5). is wrongly cited „75". p. 473.

Vocabulary.

A að (= at), *conj. in* svo að *so that* 5^3.

af, *prep. with dat. of, from*: 1^6 2^{4-8} 7^6 8^{1-4} 9^{4-5} 10^6 11^5 13^8 16^5 18^6 26^5 27^1 38^8 39^8 41^5 45^1 46^3 48^8 49^8 50^6 51^6 56^7 58^4 59^8 60^{5-7} 61^4 70^3 73^3 74^7 77^{6-8} 80^4 83^6; *adv. in* fyrr af, *before* 23^1.

aktan, *f. heed, consideration* 4^5.

aldr, *m. life* 36^1.

aldri, *adv. never* 57^4 79^7.

al-líkr, *adj. very like* al-lík 14^3.

allr, *adj. omnis, totus* öll 1^3 40^8 71^4 allan 2^3 15^7 30^2 61^3 öllum 5^7 32^1 41^7 50^6 51^4 70^6 79^6 81^7 83^7 öllu 19^5 allir 26^6 43^4 44^4 51^7 52^3 67^7 75^4 82^1 allar 29^4 alla 34^3 35^2 allri 55^2; *as adv. in* með öllu, *omnino* 23^7.

alls-kyns, *adv. of every kind,* (*all kinds*) 80^4.

all-vænn, *adj. very beautiful, fine* 7^4.

all-máttigr, *adj. almighty* almáttkan 5^1.

altari, *n. altar* 60^4 82^7 altarit 65^4.

andi, *m. spirit* 54^1 56^1 andar 35^3 andir 86^7; heilagr andi, *the Holy Ghost* helgum anda 1^2 heilags anda 12^4 32^7 37^7 42^7 helga anda 84^8.

andlegr, *adj. spiritual* andlega 86^5.

angr, *m. grief, sorrow* angri 73^3.

annarr, *pron. the other, the second* 33^5 annan 16^3 aðrir 19^3 önnur 52^1.

aptr, *adv. back, back again* 66^2.

1. at, *prep. with dat. to, at* 1^2 5^7 20^5 24^3 28^4 34^5 46^7 53^5 61^8 62^8 63^8 64^2 68^{1-2} 69^7 74^3 79^1 81^5 84^6 86^{4-8}.

2. at, *conjunc. with the infinitive to* 3^1 4^{1-7} 5^{2-6} 8^7 11^2 14^7 18^6 19^8 20^4 22^1 26^4 28^3 29^1 31^6 33^7 38^7 44^1 47^2

49¹ [?] 51⁶ 54⁶⁻⁷ 63⁷ 66³ 68³ 69⁴ 76³ 77⁴ 81⁸ 83²⁻⁶⁻⁸
84¹ 85³⁻⁵; *with the subjunctive that* 5⁸ 9² 10⁸ 13⁷ 14³
27³ 41⁶ 66¹ 68⁸ 73⁶ 76⁴ 86²; *with indicative that* 24⁸;
in svo at, *so that* 5³ (að) 15⁶ 21⁸; *in* þó at *though,
although* 15⁸.

at-burðr, *m. event, occurrence* atburð 55₄.

at-fall, *n. flood* (*opp. ebb*) atfalli 19².

auðr, *m. riches, wealth* auðar 6⁶ auð 21³⁻⁸.

auð-æfi, *n. plur. treasures, wealth* 66³.

auga, *n. eye* augu 12¹.

aumlegr, *adj. miserable, wretched* aumlegum 49².

aumr, *adj. poor, miserable* 25⁸.

A' á, *prep. with dat. at, on, in* 6¹ 8² 15¹ 17⁶ 19¹ 20² 23⁵ 43³
46² 49⁵ 56⁶ 63² 68⁶ 70²⁻⁴ 74¹ 76⁷ 80¹; *with acc.
towards* 5⁵ 24⁴ 30⁵ 41⁷ 42² 44⁴ 49¹ 64⁷ 65⁴⁻⁶ 70¹
76³ 81⁷ 85¹ upp á, *upon* 19⁶; *in the adv. phrases* á
móti, *towards* 25⁴ 26⁵ 33⁸ 53⁶ 58⁸ á mót 73⁶ á brottu,
away 65⁵ á laun, *secretly* 22² á milli, *among* 69³ 77⁵.

áðr, *adv. ere* 27⁸ (áður) *in* áðr en = áðr 10³.

á-girnd, *f. avarice* ágirndar 36⁷.

á-gjarn, *adj. avaricious* 31³.

á-gæti, *n. renown, glory* 3² 31⁴.

á-gætr, *adj. famous, excellent* agæt 6³ 58³ ágætt 41⁸ ágæ-
tum 84⁴.

án, *prep. with dat. without* 3⁴ 15⁸ 34⁴; *with gen.* 33⁶.

ár, *n. year* ári 63² 76⁷ árum 68⁶.

ár-ferd, *f. famine* 51².

ást, *f. love* 18⁷ 35⁷ 50⁷ ástar 11⁵ ásta 84³ *in* hugástum 33⁶.

ást-úð, *f. love* 18⁵ 59².

ást-vinr, *m. a dear friend, favorite* ástvin 32⁴.

á-víta, *wv. to rebuke* ávítaði 45³.

á-vöxtr, *m. produce, growth* ávöxt 52⁴.

B bagall, *m. baculus, crozier* bagla 25¹.

band, *n. rope, cord* bönd 43⁷.

baptisti, *m. baptist in* Jóns baptista 14⁴.

barn, *n. child, bairn* 28³ barnsins 29⁶ *in* ungbörn 3⁵.

báðir, *pron. both* 71⁵ beggja 61⁵ báðu 75⁴.

bára, *f. wave* bárur 30¹.

42

básiliskus, *m. basilisk* 9³. Cf. Rymbegla p. 356. Ormr heitir Basiliscus hann hefr citr í augum, svo at hvervetna deyr ef hann getr sjón á komit, ok er ecki þat kvikindi at hónum bani nema Hreysivísla.

beiða, *wv. to ask, request; reflex.* beiðast, *to request on one's own behalf* beiðist 70².

beimar, *m. pl. viri, homines* beimum 61⁶.

beiskr, *adj. bitter* beiska 71⁵.

bera, *stv. to bear* berandi 66⁷ 74⁵ borin 59⁸; bera vitni *to bear witness* berr vitni 7⁷ 70⁵; bera saman, *coincide* berr saman 17³; bera e-m minni, *poculum adferre cui, pocillatoris munere fungi Lex. poet.* bera sér minni 72⁸.

betr, *adj. comp. better* 71⁸; beztr, *superl. best* beztu 38⁴.

bezt, *adv. superl. best* 86⁶.

bиðja, *stv. to beg, pray* 18⁶ 85⁵ 86¹ bið 5¹ biðr 63⁶ 69⁵ bað 70⁷.

bil, *f. femina* 6⁶.

birta, *wv. to enlighten* ppart. *superl.* birtust 12⁷.

birti, *f. brightness, light* 78¹ birtar 77¹.

bíða, *stv. to bide, wait for* biðr 29⁴.

bjarga, *stv. to save, help* barg 67².

bjartr, *adj. bright, illustrious* bjartar 27⁶ bjarta 38¹ 78⁷ bjartan 64⁴ björtum 84⁷.

bjóða, *stv. to bid* býður 21¹ bauð 50³.

bjúgr, *adj. bent, crooked* bjúgir 62⁴.

blástr, *m. breath* blæsti 9⁵; *in* mótblástr 33⁶ íblástr 76⁵.

blekking, *f. delusion, fraud* 40⁷.

blekkja, *wv. to impose upon, deceive* blekkti 40⁴; *to stain* blekkir 34⁴.

blezan, *f. blessing* 54³.

blindr, *adj. blind* blindir 62¹.

blíða, *f. blandishment* blíðu 40⁷.

blíðr, *adj. mild, gentle* 26³ 35² 43⁸ 54⁴ (blíður) 67⁶ 86² blíðs 20⁴ blíði 59⁶ blíðan 63⁵ blíða 75²; *superl.* blíðust 12⁸.

blífa, *wv. to remain* blífi 86⁸.

blístran, *f. whistling, blowing* 56⁴.

blóm, *n. bloom, flower* blómi 13³.

blóma-kvistr, *m. flowering branch* blómakvistum 79⁴.

blómi, *m. bloom, prosperity* blóma 7² 77².

borg, *f. city* 7¹ 20³ -borgin 8⁴ borgar 20².

bók, *f. book* 18³ 19³⁻⁸ bækr 18⁶; *the Book, Bibel* bókin 6⁴.

bóndi, *m. franklin, husbandman* 53¹⁻⁶ bónda 22⁶; *in* húsbóndi 31⁷ 37¹.

-bót, *f. cure, remedy in* sálubótar 34⁸ heilsubótar 60⁷.

bragnar, *m. plur. homines, viri* 14⁸ bragna 12⁷ brögnum 77¹.

bragr, *m. poem* 57³.

bráðla, *adv. quickly, at once* 26³.

bráðr, *adj. hasty, sudden* 53¹ bráð 9⁶.

bráðum, *adv. (gen.) soon, shortly* 48⁸.

brenna, *stv. to burn* brennur 9⁵ brennanda 16²; *ppart.* brunninn : brunnir 62².

brjál, *n. distortion, corruptio* 3⁶.

brjóst, *n. breast* 5² brjósti 15¹ 35⁷ 50⁷ brjóstit 15⁸.

brjótr, *m. one that breaks, a destroyer in* glæpa brjótr 25⁴ *vir pius Lex. poet.*

brotna, *wv. to be broken* brotnar 70⁵; *ppart.* brotinn : brotnir 62¹.

brott (= braut), *f. road, way in* á brottu *adv. away* 65⁵.

bróðir, *m. brother* bræðra 18⁵.

brunnr, *m. spring, well* brunni 56².

brúðr, *f. femina* brúðar 15².

brögð-óttr, *adj. crafty, cunning* brögðóttt 70⁶.

burðar-tíð, *f. birth-time* 14³.

-burðr, *m. motus in* framburð 35⁸ tilburð 50⁶ atburð 55⁴.

burgeiss, *m. burgess, comes* 65⁶.

burt, *adv. away* 20⁷ 71⁶.

búa, *stv. to make, make ready; reflex.* búast *to intend, think about* býst 54³.

-búð, *f. booth in* tjaldbúð 82⁸.

búinn, *ppart. (búa) endowed with, paratus* 38².

búningr, *m. equipment* búning 11⁴.

byggð, *f. residence, abode* 54² byggðir 8⁷ 20³ 76⁸.

bylgja, *f. billow* bylgjum 42³ bylgjur 43⁶ bylgjan 64³.

byrgja, *wv. to bury, hide* byrgði 53².

byrja, *wv. to begin* 44¹ byrjar 15¹.

byrlari, *m. cup bearer* byrlara 73⁸.

byrr, *m. a fair wind* byr 63⁵.

byskup, *m. bishop* 31²⁻⁸ 86¹ byskups 44² 61⁵; *in* erkibyskups 6⁸.

byskups-efni, *n. bishop-elect* byskupsefnit 26⁴.

byskups-tign, *f. episcopal dignity* 38¹.

bæði — ok, *conj. both — and* 43⁷ 64³⁻⁴.

bæn, *f. prayer* bænir 44⁷ 59⁵ bænum 84⁷.

bænar-staðr, *m. entreaty, prayer* bænarstað 54³.

bær, *m. town, city* bænum 23⁵; *place of abode, dwelling place* 84⁸.

bæta, *wv. to better, restore* bætir 82⁴.

bölva, *wv. to curse* bölvat 8⁶ bölvuð 40⁸.

C cedrus, *m. cedar* 79⁵.

cípressus, *f. (?) tree* cipresso 55⁷.

D dagr, *m. day* dag 2¹ 15⁷ 75⁸ dögum 6¹; *in* frjádag 15³ hátíðisdag 73¹.

[dag]lega, *adv. daily* 38³.

dapr, *adj. dreary* döpr 8⁴.

dauði, *m. death* dauða 12⁶ 46⁸ 48¹⁻⁴⁻⁸ 55¹ 58⁶ 72¹ 75¹ 76⁴ dauðans 49⁴.

dauðr, *adj. dead* dauða 53⁷.

daufr, *adj. deaf* daufir 62⁴.

dálega, *adv. badly, ill* 72².

dálegr, *adj. bad* 53³.

dár, *n. scoff* dári 40³.

dásamlegr, *adj. wonderful, glorious* dásamlegum 32⁶ 37⁶ 42⁶.

deyða, *wv. to kill* deyði 9⁸.

deyja, *stv. to die* 10².

dikta, *wv. to decree, pronounce; ppart.* diktaðr : diktaðan 48¹.

djarfr, *adj. audacious, impudent* 72¹.

djúpr, *adj. deep* djúpum 36³ 53³.

djöfull, *m. devil i. e. Satan* djöfulsins 40³.

djörfung, *f. impudence* 69⁶.

dómr, *m. doom, judgment, sentence* 69³ dæmum 20⁵ 36³ dómum 34⁶ dómi 45² dóm 45⁴; *state, condition* dóms 78⁵ dæmum 79² *in* klerkdóm 33³ klerkdóms 35⁶

sjúkdóm 58² læknisdóm 61² guðdóms 66² lærdóms
18⁸ 39⁴ 75³.
dóttir, *f. daughter* dætr 22⁸ dóttur 75² *in* systurdóttur 6⁷.
drápa, *f. drapa, laudatory poem* drápu 27² 85³.
drekka, *stv. to drink* 15⁶ 63⁷.
drekkja, *wv. to drown* drekkti 40⁴ 53⁴.
drepa, *stv. to kill; reflex.* drepast *to perish, die* drepist 10⁸.
drottinn, *m. Christ* 10⁴ 32⁵ 37⁵ 42⁵ 60⁵ drottin 4² drott-
ni 21⁸ drottins 24⁶ 54⁶.
drótt, *f. homines, viri* dróttir 80⁴ dróttum 83⁴.
drykkr, *m. drink* drykk 38⁴.
dular-fullar, *adj. dark, obscure, ambiguous* 85³.
dúfa, *f. dove* dúfu 25⁶ 84⁵.
dyggð, *f. virtue, virtus* 36⁴ 76⁸ dyggðir 32⁵ 37⁵ 42⁵ 80⁸
dyggða 33¹ dyggðum 47⁸ 52⁸ 57⁸ 80⁹.
dýrð, *f. glory* dýrðar 1³⁻⁶ 17⁴ 27³ 49⁸ 85⁴ dýrðir 30⁶.
dýrka, *wv. to worship, glorify* dýrkaði 39¹.
dýrlegr, *adj. glorious* dýrlegir 48².
dýrr, *adj. dear, precious* dýra 38³ dýrum 80³.
dœma, *wv. to give judgment, pass sentence* dæmdust 50².
E Ebreus, *m. Hebrew* 71³.
eða, *conj. or* 10¹ 19⁸.
eðli, *n. nature* eðlis 3⁷.
eðr, *conj. or* 36².
Edda, *f. Edda* Eddu 4⁶. *The reference here is, of course,*
to the Skáldskaparmál *(Ars Poëtica) of the Snorra Edda.*
ef, *conj. if* 3¹ 68⁴.
efna, *wv. to prepare, make ready* 1¹; *to perform, fulfil*
efnir 71³.
efni, *n. stuff, material* 2⁴ efnum 27¹; *cause, reason* 25³.
efri, *adj. comp. upper, higher* 81¹.
ei, *adv. not* 15⁴ 24⁸ 73⁴ 75⁵.
eiðr, *m. oath, vow* eið 68³ 70¹ eiða 69⁴.
eiga, *pret. pres. to have, possess* eigi 52¹ átti 6⁵ 10⁷ 54².
eigi, *adv. not* 4¹ 12¹ 31³ 35³ 64⁸.
eigna, *wv. to attribute to one* 30⁶; *to get, own* eignar 55¹;
reflex. eignast *to get, become the owner of* 79⁵ eignazt 38¹.
eik, *f. tree* eikin 55¹.

46

ei-lítlega, *adv. everlastingly, eternally* 39^7.

ei-lífr, *adj. everlasting, eternal* at eilífu *for ever and ever* 86^8.

ein-faldleikr, *m. simplicity* einfaldleik 25^6.

einkar-fast, *adv. very much, firmly* 29^8.

ein-kvæntr, *ppart. unius uxoris maritus Lex. poet.* 31^3.

einn, *pron. a, an, one* 18^5 24^7 63^1 68^1 72^1 75^2 77^7 einu 5^8 einum 11^7 einni 14^4 39^7 86^2 ein 28^2 einna 86^6; *alone* 1^4 6^4; *cardinal number in* einu sinni *once* 15^4.

cirninn *adv. likewise, also* 15^3 46^7.

citr, *n. poison* eitri 9^4.

citrlegr, *adj. poisonous* eitrleg 12^2 eiturlegri 36^6.

ck, *pron. I* 11^{-3} 3^1 4^{1-7} 5^{1-3-5} 25^7 27^1 43^5 56^{5-7} 60^1 77^1 $85^{1-2-5-6}$ mín 43^4 67^4 mér 48^6 67^6 mik 4^1 67^5 vér 86^1 vor 58^1 oss 86^3.

ekkja, *f. widow* ekkjum 81^6.

eldr, *m. fire* eldi 11^5 28^4 29^7.

elli, *f. old age, eld* 58^1.

elska, *f. love* elsku 6^3.

embætti, *n. holy service, officium sacrum* 37^3.

en, *conj. but* 18^{3-4} 19^6 37^2 43^{6-8} 51^7 53^8 54^7 57^4 60^6 65^6 67^6 68^5 69^2 71^3 73^5 74^7 79^4 enn 14^2 42^2 46^2 50^8 55^4 63^4, *after comparative than* 2^2 15^4 18^7 71^8 75^6 77^4 83^7 85^2; *in* áðr en 10^3 fyrr en 57^1 *before.*

endi, *m. end* enda 57^3.

1. engi, *adj. none* 9^7 73^5 öngvu 2^4 öngvan 33^7 36^2.

2. engi, *adv. not* 1^7 3^7 47^3.

engill, *m. angel* engla 59^8.

engla-líf, *n. angel-life* 81^1.

1. enn, *adv. yet, still* 61^1.

2. enn, *conj. see* en.

3. enn, *article the* 42^3 56^1 71^2 ens 30^8 ena 39^4.

epli, *n. apple* epl[um] 80^2.

1. eptir, *prep. with acc. after* 21^3 86^5.

2. eptir, *adv. afterwards* 67^1.

er, *rel. where, when* 2^{2--7} 8^5; *who, which, that* 3^5 7^4 10^7 12^8 23^5 24^3 28^8 29^1 31^2 34^4 35^4 39^2 40^{2-4} 48^2 49^8 50^2 55^2 70^6 72^2 73^7 82^{1-4-6}.

erki-byskup, *m. archbishop* 37^4 erkibyskups 6^8.

erki-stóll, *archiepiscopal seat* 7³.

eyða, *wv. to destroy* 9⁸ eyddi 40¹.

eyðing, *f. extirpation, extermination* 33⁴.

eyðir, *m. one who destroys, extirpates* 15⁷ 63³.

eyra, *n. ear* eyrat 81⁸.

F faðir, *m. father* 14⁵ 22⁴ 44⁵ 48⁶ 54⁴ 58¹ 81⁵ föður 20⁶ 50⁴.

fagna, *wv. to rejoice, rejoice over* 51⁹ fagnandi 14⁸.

fagnaðr, *m. joy* fagnaðar 14¹.

fagr, *adj. fair, fine* fögru 7⁸ fagra 60² fagran 75⁵.

fagrt, *adv.* (*n.*) *fairly, finely* 6² (fagurt).

-faldr, *adj. -fold in* þúsundfalda 80⁵ einfaldleik 25⁶.

falla, *stv. to fall* 44⁴ féllu 46¹; *to fall in with, agree* fellr 69³.

fara, *stv. to fare, go, travel* 14⁷ 53⁶ 61⁸ ferr 54⁸ fóru 64⁵ fór 76⁷.

farmr, *m. fare, contents* 30⁴.

far-nest, *n. viands* (*de sacra caena*) *Lex. poet.* 59³.

fast, *adv.* (*n.*) *firmly* 33⁴ *in* einkarfast 29⁸.

fasta, *f. fast, fasting* föstu 15¹.

fastlega, *adv. firmly, strongly* 29⁴ 36⁸ in geðfastlega 41².

fastr, *adj. firm, strong* föstum 82⁵.

fá, *stv. to receive, gain, get* 51⁷ 69⁴ fekk 40⁶ 58² 81⁶ fær 47³ fengit 56⁷ fengu 58⁶.

fágari, *m. cultivator, cultor* 33¹.

fá-tœkr, *adj. poor* fatœkir 62⁵.

feðgin, *n. plur. parents* feðginum 20⁹.

feðr, *m. father* 66⁹ (*gen.*).

feiti, *f. fatness* 78⁶ 79⁸.

fella, *wv. to fell* 54⁷.

ferð, *f. journey, voyage* 63⁴; *motus in* árferð 51².

festa, *wv. to fix, fix in the mind* festi 18⁴.

fé, *n. goods, property, money* 21⁴ 68⁴ 72³ fénu 22⁸ fjár 63² 68⁶ fét 68⁷.

fingr, *m. finger* fingri 16⁷.

finna, *stv. to find, perceive* 85⁸ finnr 15⁴ 25² fundit 35⁶ fundu 50⁵; *reflex.* finnast 47² finnist 41⁵.

firðar, *m. plur. homines* 30⁶ 61⁷ firðum 14¹ firða 48⁸ 69³.

firðr, *adj.* (firra) *void of, without* 24⁴.

fiskr, *m. fish* fiska 64².

finn, *adj. fine* fínum 67⁴.

fjall, *n. mountain, fell* 83⁷.

fjandi, *m. fiend, devil* 54⁷.

fjar-lægr, *adj. far-lying, distant* fjarlægir 62⁶.

fjarski, *m. far distance* fjarska 41⁸.

fjórði, *adj. num. the fourth* fjórða 15³.

fjöturr, *m. fetter* fjötrar 48² fjötrum 72⁴.

fleiri, *adj. comp. more* 80⁸ fleirum 32²; *superl.* flestr *most* flesta 8⁶ flestir 55²,

flekkr, *m. blot, stain, fleck* flekk 34⁴.

flestr, *adj. superl. see* fleiri.

fleygja, *wv. to throw, „let fly“* fleygt 65⁵.

-fljóta, *stv. to flow in* hunangfljótandi 58⁸.

fljótr, *adj. ready, speedy* 34⁸.

fljótt, *adv. (n.) swiftly, quickly* 65⁵.

flokkr, *m. a body of men, „flock“* flokkar 62⁵.

flytja, *wv. to carry, flit* flytur 30⁵.

flýja, *wv. to flee* flúði 40⁷.

flærðar-fullr, *adj. full of deceit* flærðarfulla 40⁵.

forða, *wv. to help oneself forward; reflex.* forðast *to shun, escape, avoid* 18³ 36⁶ 38⁷ forðist 76⁴.

forðum, *adv. aforetime, once* 48⁷.

for-kunnlegr, *adj. remarkable* forkunnlega 29³.

for-maðr, *m. fore-man, leader in* formannslauss 23².

formanns-lauss, *adj. without a leader* 23².

for-sjá, *f. foresight* 34⁷.

for-smá, *wv. to despise* forsmáði 40⁸.

foss, *m. waterfall, stream* fossi 53³ *in* tárafossi 59⁴.

fólk, *n. folk, people* 8³.

fólk-vopn, *n. plur. weapons, arma bellica, arma justa, legitima, quibus in bello usus Lex. poet.* fólkvopnum 11³.

fórn, *f. an offering, munus oblatum* 26⁸.

fótr, *m. foot* fótum 60⁵.

fót-spor, *n. plur. foot-prints* 17⁷.

fram, *adv. forward* 29³ 30⁵ 65⁴.

framan, *adv. forward* 74².

fram-burðr, *m. delivery, pronuntiatio* framburð 35⁸.

fram-ganga, *stv. to go before, precede* framgangandi 17⁷.

framr, *adj. proprie is, qui in medium processit Lex. poet.* 13¹.

frá, *prep. with dat. from* 5² 19³ 20⁷ 22³ 55⁵ 61¹ 73⁸.

frelsa, *wv. to free, deliver, rescue* 45² frelsta 48⁷.

fremja, *wv. to perform, do* 29¹ framdi 41¹.

fresta, *wv. to defer* 68⁸.

frétta, *wv. to hear, get intelligence* 61⁷.

friðar-koss, *m. kiss of peace, osculum pacis* 59⁴.

friðr, *m. peace* friði 16⁶ friðar 31⁴.

frið-samr, *adj. peaceful* 36¹.

friðr, *adj. fair, beautiful* fríðan 11⁴ 16³ 32⁸ 37⁵ 42⁸ 65² fríðri 34⁷ 38²(?) 58¹ fríðir 46² fríðum 56² fríða 59³.

frjádagr, *m. Friday* frjádag 15³.

frjálsari, *m. saviour* frjálsara 44³.

frost, *n. frost, cold* frosti 42¹.

fróðr, *adj. knowing, learned* 75³ fróðri 16⁷ *in* ófróð 1⁷.

frum-getinn, *ppart. first-begotten* 14⁷ 16⁴.

frú, *f. wife* 10⁷ frúinnar 13¹ 16³.

-fræ, *n. seed in* munaðarfræi 22³.

frægð, *f. fame, renown* 80³ frægðar 11³.

frægðar-maðr, *m. famous man* 33¹.

frægðar-verk, *n. famous deed, feat* 20³.

frægr, *adj. famous* 23¹ 24³ 31³ (frægur) fræga 6¹ frægir 46¹.

-fugl, *m. bird, fowl in* páfugls 84⁵.

fullr, *adj. full* 9⁴ 77⁵ fullan 51⁷ 52³ fullri 66⁴ 69⁶ fullt 74⁷ *in* vizkufullr 34⁵ flærðarfulla 40⁵ sútafullir 64⁶ ærufullur 79⁷ dularfullr 85³.

full-ting, *n. help, assistance* 4⁵.

full-vel, *adv. full well* 44³.

fundr, *m. finding* 29⁶ 44².

fúss, *adj. willing, wishing for* 11⁴ fúsir 14⁶ *in* gæzkufúsi 20⁶.

fylgja, *wv. to lead, guide* fylgt 39³.

fylgjandi, *m. one who leads* 5⁷.

fylla, *wv. to fill* fylldr 16⁵; *reflex.* fyllast 14²⁻⁵ 67⁷ fylldist 11⁵.

fyr, *prep. with dat. before* 9⁶ 12⁷; *with acc. for, on account of, because of* 18⁵⁻⁷ 33² 44⁷ 49⁷ 50⁸ 54³ 75² 76⁸ 78⁶⁻⁷ 81¹ 85⁵.

fyrir, *prep. with acc. by means of, by* 76⁵.

4

fyrir-rennari, *m. fore-runner* 16⁸.

fyrr, *adv. comp. sooner, before* 6¹ 23¹ 52² 57¹ 71⁸.

1. fyrri, *adv. comp.* = fyrr 27⁵ 71¹.

2. fyrri, *adj. comp. former* 16⁵; *superl.* fyrstr *first* 24³ (fyrstur).

fyrstr, *adj. superl. see* fyrri.

fæð, *f. fewness, scantiness* 69².

1. fæða, *f. food* fæðu 15⁵⁻⁸ 35³ 52⁴.

2. fæða, *wv. to give birth to, bear* fæddi 13² *in* nýfæddum 13⁸.

færa, *wv. to bring, present* færandi 67⁸.

fætka, *wv. to grow less* 57⁴.

föður-lauss, *adj. fatherless* föðurlausum 81⁵.

fögnuðr, *m.* (= fagnaðr) fögnuð 28⁷ 29² 52³ 67⁷.

föru-nautr, *m. companion, fellow-traveller* 17⁸.

G gall-súrr, *adj. sour as gall* gallsúru 40³.

gamall, *adj. old* gamalli 40².

ganga, *stv. to go* 33⁷ 66⁵ gangandi 11⁶ gengur 19⁵ gekk 63⁸ 68¹ *in* framgangandi 17⁷.

-garðr, *m. garden, yard in* vingarðs 83³.

geð-fastlega, *adv. firm of mind* 41².

gefa, *stv. to give* 63⁷ 66³ gaf 32⁴⁻⁶ 37⁶ 42⁶ 54³ 58⁸ gefr 59⁴ 75⁵ *ppart.* gefinn : gefnum 35¹; *reflex.* gefast : gefst 60⁸.

geisli, *m. beam, ray* 78¹.

gella, *stv. to ring* 28⁶.

gestrisinn, *adj. hospitable* 31⁵ 35¹.

geta, *stv. to do, be able* getit 71⁸; *to get, beget in* frumgetinn 14⁷ 16⁴.

getnaðr, *m. conception* getnað 7⁷.

geyma, *wv. to watch, heed, mind* geymdi 41¹.

gim-steinn, *m.* „*gem-stone*", *jewel* gimstein 22⁸ 37⁸ 42⁸ gim-steina 65³ gimsteinar 82².

1. gipta, *f. good luck* giptu 13² 21³.

2. gipta, *wv. to marry, give in marriage* gipti 22⁸.

-girnd, *f. desire in* ágirndar 36⁷.

gista, *wv. to visit, hospitare apud aliquem* gistu 35⁴.

gisting. *f. hospitium, entertainment* 21².

gjald, *n. payment, pay* 69⁴ gjaldi 69⁸.

gjalda, *stv. to pay, repay* goldit 69¹.

gjarn, *adj. eager, willing* 38⁵ *in* ágjarn 31³ illgjarn 54¹.

gjarna, *adv. eagerly, willingly* 22⁶ 81⁸.

gjöra, *wv. to make, do, prepare, act* gjörir 2⁷ 18⁵ 26⁴ 76³
83² gjörði 22¹⁻² 29¹ 36² 38⁷ gjört 27⁵ gjörða 48⁷
gjörðu 49¹(?) 51⁶ gjörðir 83⁵; *reflex.* gjörðast : gjör-
ðist 28¹.

gjörð, *f. doing, act, deed* gjörðir 45⁷.

gjörla, *adv. quite, altogether* 40¹ 50⁶.

glaðlega, *adv. gladly* 29².

glaðr, *adj. glad, gladsome* 35².

gleði, *f. joy, gladness* 14⁵.

gleðja, *wv. to gladden, make glad* 73⁴.

gleyma, *wv. to forget* gleymir 29¹.

glotta, *wv. to grin, smile sarcastically, scornfully* glotti 69⁷.

glósa, *wv. to compose, condere (carmen)* glósar 76⁶.

gluggi, *m. window* glugga 22¹.

glæpr, *m. crime, wickedness* glæpa 25⁴⁻⁸ glæpi 38⁷.

glöggr, *adj. distinct, clear* 35⁵.

gneisti, *m. spark* gneista 76⁵.

gníst, *n. gnashing* 56⁴.

gnógr, *adj. enough, sufficient* gnóg 66³.

gott, *adv.* (*n.*) *well* gott til e-s *plenty* 68⁶.

góð-mannlega, *adv. like a good man* 22⁷.

góðr, *adj. good* 34⁷ 83⁵ (góður) góðan 2⁸ 4⁴ 63⁵ góðu
25³ góðra 77⁶ *goodly, fine* góðri 63⁷.

gólf, *n. floor* 65⁶.

gras, *n. grass, herb* grasanna 80³.

gráta, *stv. to weep* grátandi 49².

grátr, *m. weeping* gráti 48³ 58⁵.

greifi, *m. earl, count* 65⁴.

grein, *f. cause, reason* 14¹ 34².

greina, *wv. to expound, tell, declare* 1⁴ 77⁴ greinir 6⁴ grein
25³ *reflex. to branch out, extend* greinist 5⁸.

greindr, *adj. wise* 57³ (greindur) greindum 21¹ greindir
50⁵ *clear, manifest* greindri 76⁴.

greipr, *adj. rapid, swift* greipum 53⁸.

-grið, *n. respite, truce in* lífsgrið 75⁵.

grípa, *stv. to grasp, seize* 26⁷ 57³.

4*

52

grjót, *n. stones, rubble* 53⁶.

grund, *f. earth, field, plain* grundu 70⁴.

grund-völlr, *m. ground-plan, foundation* grundvöll 35⁶.

græða, *wv. to heal* 80⁴ 83⁶.

grænn, *adj. green* grænum 80².

-gröf, *f. pit in* saltgröf 53².

guð, *m. God* 7⁷ 71⁷ guðs 1¹ 14² 16⁸ 19⁸ 21¹ 22⁷ 23⁵⁻⁸ 30⁷ 42² 47⁵ 49¹(?) 50⁵ 52⁵ 53⁵ 57⁵ 65⁸ 67⁸ 76³ 82¹⁻⁵⁻⁷ guði 1⁴ 6⁴ 38⁸ *in* himnaguð 27⁷.

guð-dómr, *m. Godhead, Divinity* guðdóms 66².

guðlegr, *adj. godlike, divine* guðlegs 76⁵.

guð-spjall, *n. gospel* guðspjalls 21⁶.

gull, *n. gold, treasure* 22² 66⁴ 68² 69⁶ gulli 21⁴ 65³ gullit 64⁴ 68⁵.

gull-ker, *n. golden vessel, goblet* 82¹ gullkeri 63⁶.

Gyðingr, *m. Jew* 68⁵ 69² Gyðing 69⁷.

gyðja. *f. goddess* gyðju 40¹.

gæði, *n. plur. good things, blessings* 80¹ gæðum 27⁷ *fruits* gæðum 77⁸ 79⁶.

gæfa, *f. luck, happiness* gæfu 86⁵.

gæta, *wv. to watch, guard* gætir 82⁶.

-gæti, *n. in* ágæti 3² 31⁴.

gætinn, *adj. heedful, attentive* 35⁵.

-gætr. *adj. good in* ágæt 6³ 58³ ágætt 41⁸ ágætum 84⁴.

gæzka, *f. kindness, goodness, mercy* 57⁴ gæzku 4³ 26⁶ 34⁵ 41¹.

gæzku-fúss, *adj. well doing, kind, good* gæzkufúsi 20⁶.

göfuglegr, *adj. glorious* göfuglegan 7⁸ göfuglegt 78².

-göng, *n. plur. passage in* umgöng 2⁴.

H haf, *n. the sea* hafsins 42³ 43² hafinu 64⁶.

hafa, *verb. aux. to have* 8⁷ 44⁸ 69¹ hafi 14³ 32⁸ 37⁸ 41⁶ 42⁸ 43⁴ hefir 27⁵⁻⁷ 38¹ 80⁷ 84²⁻⁵ hafði 35⁶ 48⁷ hefi 56⁷ 77¹.

halda, *stv. to hold, keep* 69⁸ hélt 20⁵ 33⁴ 38³ heldr 28⁴ 69¹ haldi 69⁴.

halla, *wv. to lean or turn sideways; reflex.* hallast *in* hallast út 19³ *to nod the head (in sleep)*, hallast burt 20⁷ *to turn from.*

hallar-maðr, *m. hall-man, aulicus satelles* hallarmann 72⁶.

haltr, *adj. lame, halt* halta 20¹ haltir 62¹.

hani, *m. cock* 83¹.

hann, *pron. he* 1⁵⁻⁸ 2¹⁻²⁻⁷ 8⁸ 9⁴ 15⁶ 18¹⁻⁶ 20¹ 21⁷ 27⁸ 33⁴ 35⁴⁻⁴⁻⁰ 36⁶ 38³ 39¹⁻³⁻⁵ 40¹⁻⁴⁻⁶ 41¹⁻¹⁻³ 49⁸ 50¹ 53⁷ 58⁸ 59¹⁻⁵ 60² 61¹⁻⁶ 63⁶ 65⁸ 68²⁻³ 69⁶⁻⁸⁻⁸ 70¹ 73³⁻⁴⁻⁶⁻⁷ 75⁶ 76³⁷⁻⁴⁻⁰ 80⁷ 81¹⁻⁶⁻⁷ hans 2⁴ 9¹⁻²⁻⁰ 17⁸ 26⁰ 40⁸ 41⁷ 57¹ 60¹ 77⁶ 79⁴ honum 20² 33⁵⁻⁸ 35⁸ 36⁵ 44⁴ 67² 69⁴ 70⁵.

harðna, *wv. to be hardened* harðnar 3³.

harðr, *adj. hard, severe* harða 49⁷ *hardy* hörðu 79³.

harmr, *m. grief, sorrow* harma 58⁷ harmi 65⁷ 73².

harri, *m. lord, prince* 72⁵.

háfur, *f. plur. riches* 72³ háfa 33³ háfum 78⁵.

háleitr, *adj. high, lofty, sublime* háleit 50⁷ 55⁶ 59⁸.

hálfr, *adj. half* hálfa 13⁶ *n. with comp. far* hálfu 32² 80⁸.

1. hár, *n. hair* 19⁷ 48³.

2. hár, *adj. high, sublime, glorious* 1⁶ háfan 84¹ *comp.* hærri 41³ 83⁷ hærra 2² *superl.* hæstr : hæstri 31⁵ hæstrar 47⁷ 52⁷ 57⁷.

háski, *m. danger* 9³ háska 11⁶ 19⁷ 49⁴.

hátíð, *f. feast, festival* 28⁵.

hátíðis-dagr, *m. high-day, festal day* hátíðisdag 73¹.

hátt, *adv.* (*n.*) *high* 39¹ 74⁶ (?).

háttr, *m. manner, modus* háttar 76² *metre, poetry* háttum 77⁴.

hefnd, *f. revenge, vengeance* 85² hefndar 54⁸.

heiðinn, *adj. heathen, not christian* 72¹ heiðni 71².

heiðr, *m. honour* 78⁸ heiðrs 60⁶ heiðri 78⁵ 83⁷.

heiðra, *wv. to honour* 74⁸.

heiðrs-maðr, *m. man of honour* heiðrsmanns 26².

heilagleikr, *m. holiness* heilagleik 41⁴.

heilagr, *adj. holy* 48⁶ helgum 1²⁻⁵ 5⁷ 51⁵ 61⁸ heilags 12⁴ 32⁷ 37⁷ 42⁷ helgu 35⁷ 50⁷ heilaga 39¹ helgi 42³ helgar 44⁷ heilög 59⁷ helga 83¹ 84⁸ *superl.* helgust 21⁶.

heill, *adj. whole, hale* 30² heila 20¹.

1. heilsa, *f. health* heilsu 58⁴ 61⁴ 82⁴.

2. heilsa, *wv. to say hail, to greet* heilsar 66⁸.

heilsu-bót, *f. health-bettering, healing* heilsubótar 60⁷.

heima, *adv. home, at home* 20⁶ 35⁴ 42⁴ 74¹.

heimr, *m. the world* 77⁵ heim 2³ heims 20⁷ 40⁷ heimi 27⁵ 61⁶ heiminn 61³ heimsins 76⁹.

heimta, *wv. to claim* heimtir 68⁷.

heimullega, *adv. duly* 26¹.

heipt, *f. deadly hatred* heiptar 71⁶.

heit, *n. solemn promise, vow* 66¹ 71⁴.

heita, *stv. to call, call upon* 5⁶ 49¹ 76³ hétu 42² *to call, name* heitir 9⁴ 24⁵ 78⁶.

heitr, *adj. hot* heitri 28³ heitar 30¹ *ardent, fervent* heitri 59².

heit-rof, *n. a promise-breaking* 65⁷.

helga, *wv. to make holy, hallow* helgaðr 16⁶.

hella, *wv. to pour out* hellir 61³ helltist 74⁷.

henta, *wv. impers. to happen, expedit* hentar 85⁷.

her-för, *f. military expedition* 72⁵.

herra, *m. (sing. indecl.) lord, master* 6¹ 55³ 71¹ herrann 3² herrans 45⁷ 73¹ *de viris principibus laicis Lex. poet.* herrar 23³.

hertugi, *m. leader, commander* hertuga 19⁸.

heyra, *wv. to hear* 10¹ 81⁸ heyrir 28⁵ 71¹ heyrðu 23⁶ 45⁷ 48¹ heyrði 49⁸.

hér, *adv. here* 2¹ 16³ 24³ 43⁵.

hilmir, *m. ruler, king* hilmi 5¹.

himinn, *m. heaven* himna 2³ 4⁸ 5¹ 59⁷ 79⁴ himins 84¹.

himna-guð, *m. the God of Heaven* 27⁷.

himna-riki, *n. the kingdom of heaven* 47⁷ 52⁷ 57⁷.

hingat, *adv. hither* 67⁵.

hinn, *pron. the* 15³ 16⁵ 17¹ 20⁶ 44⁵ 65¹ 68⁹ 75⁸ hins 6¹ 84⁸ hinum 70⁷ hinar 77³ hin 85⁴.

hirðir, *m. herdsman, shepherd* 25¹ 83⁵ hirðis 24² 30⁶ 58⁶.

hirta, *wv. to refrain from* hirti 37².

historia, *n. (not f. as cited in Cleasby and Vigfusson) history, narration* 75⁷.

hitna, *wv. to become hot, fervent* hitnar 50⁹ *ppart.* hitnaðr: hitnuð 35⁷.

hjarta, *n. heart* 27² 38⁸ 39⁶ hjartat 3⁴ hjörtum 12⁷.

hjarta-þýðr, *adj. gentle-hearted* 20⁹.

hjar-teign, *f. token, miracle* hjarteignir 27⁶ 77¹.

hjá, *prep. with dat. by in* sneiða hjá 24⁸ *pass by* 60⁴.

hjálp, *f. help* 41⁷.

hjálpa, *wv. to help* hjálpaði 42⁴.

hjón, *n. plur. man and wife* 6³ 7⁰ hjónum 21¹.

hjörð, *f. herd, flock* 83⁶.

hlaðinn, *ppart.* (hlaða) *adorned* 47⁸ 52⁸ 57⁸.

hlaupa, *stv. to run* 51³ 70³ hleypʊr 55⁴.

hljóðr, *adj. dumb* hljóðir 62².

hljómr, *m. sound, voice* hljómar 61².

hljótt, *adv.* (*n.*) *silently, secretly* 25².

hlút, *f. lixivium, aqua per cinerem colata Lex. poet.* hlútu 64².

hlýða, *wv. to listen to, yield to* hlýðir 22⁶.

hlýðinn, *adj. obedient* 18² 20⁸.

hlýðni, *f. obedience* 33³.

hlýri, *m. son* (*de puero infante*) 30¹.

hneigja, *wv. to incline* hneigir 81⁸.

hola, *wv. to make hollow; ppart.* holaðr : holaðan 69⁵.

hóf, *n. measure* hófit 32⁷ 37⁷ 42⁷.

hóf-semd, *f. moderation, temperance* 31⁵ 38².

hóglega, *adv. gently* 25¹ 83².

hót, *n. plur. threatening* 49⁷ hótum 45³.

hratt, *adv.* (*n.*) *quickly* 55⁵.

hraustr, *adj. strong, valiant* hraustir 42¹.

hrein-lífr, *adj. clean-living, pure of life* hreinlífʊr 34³.

hreinn, *adj. clean, pure* 31⁶ 86² hreina 6³ 13² 44⁷ 64⁴ hreinum 62⁸ hreinu 63⁶ hreinni 63⁸ hreinir 82² hrein 83⁸ 84⁷ *superl.* hreinust 60⁸ *in* óhreinn 56¹.

hreinsa, *wv. to make clean, cleanse* 5².

hreppa, *wv. to catch, obtain* hreppti 12⁶.

hríð, *f. tempest, storm* 42¹.

hróðr, *m. encomium* 4⁷.

hrósa, *wv. to praise* 51⁸ hrósar 26³.

hryggja, *wv. to distress, grieve; reflex. to become grieved* hryggðist 65⁸.

hryggr, *adj. afflicted, grieved* hryggir 64⁵.

hræða, *wv. to frighten; reflex.* hræðast *to be afraid of, to fear* 48⁴ hræðumst 4⁷ hræðist 69².

hræra, *wv. to move, stir* 3¹.

hug-ástum, *adv.* (*dat. plur.*) *summo amoris adfectu Lex. poet.*
33⁶ unna hugástum *to love with all one's heart.*

huggan, *f. comfort, consolation* 17² 58⁷.

hug-leiða, *wv. to consider, reflect upon* hugleiðandi 45⁸.

hugr, *m. mind, thought* hugrinn 3³.

hugsa, *wv. to think, bethink* hugsar 21⁵ 68⁵.

hunang-fljótandi, *adj. flowing with honey* 58⁸.

hundrað, *n. a hundred* 51⁵ (*a hundred by weight*) 80⁷ hundruð 10².

hungr, *m. hunger* 51².

hún, *pron. she* 11¹ 12⁵ 13² 28⁵ 29¹ henni 12² 28⁷ 29⁵ hennar 28ᵇ 39² hana 30⁵.

hús, *n. house* húsa 14⁶ húsi 20⁶.

hús-bóndi, *m. house-master, master* 31⁷ 37¹.

hvat, *pron. what?* 67² 85⁷.

hve, *adv. how?* 10² 21⁵ 48⁶.

hveiti, *n. wheat* 51⁴ 52².

hvekkr, *m. bad trick* hvekki 40⁶ (*Lex. poet. pp.* 391, 467 *reads* hrekki).

hvellr, *adj. clinging, clanging* hvellar 28⁶.

hverfa, *stv. to turn out of sight, disappear* hverfur 43⁸ hvarf 67⁶ 73⁸.

1. hvergi, *adv. neither* 74⁷.

2. hvergi, *conj. in* hvergi — né *neither* — *nor* 19⁶⁻⁷.

hverna, *f. pan, baisin* hvernu 28³.

hverr, *pron. who, which, what* 27⁵ 33⁵ hvern 21⁷ *every one, each* hvern 2¹ 15³ hverjum 10⁶ hverju 51⁶ 63² hverri 56⁶ hver (= hverr) 10ˡ⁻¹ *cf. Lex. poet. p.* 425.

hvers-kyns, *adv. of every kind* 27⁷.

hví, *adv. why?* 73³.

hvítr, *adj. white* hvítri 47⁵ 52⁵ 57⁵ hvít 78³.

hvolf, *n. vault* hvolfi 60³ *plur. the vault of heaven* hvolfa 77⁵.

hvorki, *conj. in* hvorki — né *neither* — *nor* 45⁵⁻⁶.

1. hyggja, *f. mind, understanding* hyggju 57².

2. hyggja, *wv. to think, mean* 3¹ hugði 8⁷.

hæð, *f. height* 8⁸ 79⁰.

hæfa, *wv. to be meet, fit* hæfði 7⁵ hæfir 79³.

hægri, *adj. comp. the right* (*opp. left*) 66⁷ 74⁵.

hærri, *adj. comp. see* hár.

hæstr, *adj. superl. see* hár.

höfn, *f. haven, harbour* hafnir 51³.

höfuð, *n. head* höfði 25⁵ 60⁷.

högg-ormr, *m. viper, serpens* 8⁶.

höggva, *stv. to hew* höggr 54⁴.

hökull, *m. humerale, a priest's cope* hökla 24¹.

höldr, *m. a man pl. viri, homines* hölda 9³ höldum 55³ 63⁴.

höll, *f. hall* 72⁸ höllu 2³.

hönd, *f. hand* 26¹ höndum 55⁵ handa 27⁴ 61⁵ hendi 66⁷ 74⁵.

I iðja, *f. labour* iðju 83³.

iðr, *n. plur. the bowels, entrails* 53⁶⁻⁷ iðrum 53⁴.

iðra, *wv. to repent of, rue; reflex.* iðrast 53⁸.

iðran, *f. repentance* 66⁴ 71⁵.

ill-gjarn, *adj. ill-willed, wicked* 54¹.

illr, *adj. evil, wicked* illra 36⁷ illan 45⁴.

ilmr, *m. a sweet smell* ilm 78⁶ 79⁸.

inn, *adv. in, into* 8⁵ 66⁶.

inna, *wv. to do, perform* innir 2⁵ innt 47⁴.

innan, *adv. in, within* 29⁷ 82².

inni, *adv. in, within* 28² 82⁸.

innilega, *adv. inwardly, ex animo* 11⁸.

I' i, *prep. with dat. in* 1¹⁻⁵ 2⁶ 3⁷ 5³ 7¹? 11⁷ 13⁵ 15² 16⁶ 17¹⁻⁸ 19²⁻⁷ 20⁶ 23²?⁻³⁻⁶ 25²⁻⁸ 27⁵ 28²⁻³⁻⁶ 29⁷ 34²⁻⁶ 35⁷ 38⁴ 42¹⁻³ 43² 46⁴ 47¹⁻⁵⁻⁸ 48⁶ 49⁴⁻⁵ 50⁷ 51¹ 52⁵⁻⁸ 53¹⁻²⁻³ 54¹⁻⁶ 56⁵ 57²⁻⁵⁻⁸ 58¹ 60³ 61⁶ 63⁴⁻⁶ 64⁶ 66⁶⁻⁷ 67²⁻³⁻⁴ 68⁴⁻⁷ 72⁵⁻⁸ 74¹⁻⁵ 75¹?⁻³⁻⁶ 76⁴ 77⁴⁻⁸ 78⁴ 79² 80² 81² 82⁵⁻⁸ 83⁷ 85⁵ *with acc. in, into* 8⁵ 11⁴⁻⁶ 22¹ 26² 30² 38² 41⁴⁻⁸ 43⁵ 51³ 53⁷ 58²⁻⁶ 60² 61² 66⁶ 69⁵ 83⁴ 85⁶ 86⁴.

i-blástr, *m. in-breath, inspiration* 76⁵ (*Lex. poet. p.* 439 *reads* innblástr).

J jafn, *adj. equal* jafnan 41⁸ 79⁸.

jardneskr, *adj. earthly, mortal* jardnesk 47³.

jarl, *m. Jarl, earl, chief* jarlar 45⁶ 46¹ *in* ofjarl 56⁸.

jar-teign, *f. miracle (see* hjarteign) 52¹.

jastr, *n. yeast, leaven* jastri 71⁶.

játa, *wv. to acknowledge, confess* játar 65⁷.

játari, *m. confessor* játara 49¹? 76³.

jóð, *n. baby, infant* jóði 8¹.

Júði, *m. Jew* 70⁷ Júða 68³.

K kaf, *n. the deep, sea* kafinu 67³.

kaldr, *adj. cold* 3⁴ kaldir 62².

kalla, *wv. to call, call upon* 41⁸ 81⁷ kallandi 23⁷ kallat 43⁴ kallar 54⁷ *to call, name* 17⁶ 40² *reflex.* kallast *to be called, named* 7⁴ 56⁸ 72⁶ 77⁷ *to say* 45⁶.

kapp, *n. vehemence* kappi 69².

kappi, *m. hero, champion* 11³ kappa 43⁵.

karl, *m. man* karlar 62⁶.

kasta, *wv. to cast, throw* kastandi 71⁶.

kast, *n. cast, impetus* kasti 29⁸.

kaup-maðr, *m. merchant* 69¹.

kátr, *adj. merry* 30².

keisari, *m. emperor* keisarans 45⁵ 46⁴ 51³ keisarinn 49⁶.

kenna, *wv. to know, ken, recognize* 26⁶ 44³ *to teach, tell* kennir 16⁸ 54⁵ kenndi 37¹ kenndir 83⁴ kennandi 35⁸ *reflex. to ·recognize* kennist 39².

kenni-maðr, *m. teacher i. e. priest* kennimenn 74³.

kenning, *f. doctrine, traching* 78⁷.

ker, *n. goblet* 66⁷ 74⁵ kerit 64¹ kerinu 73⁶ *in* gullkeri 63⁶ gullker 82¹.

kertis-stika, *f. candlestick* 78⁷.

kind, *f. living creature* 9⁷.

kirkja, *f. church* kirkju 24⁴ 26² 29³ 39¹ 60³ 66⁶ 74³.

kista, *f. chest* kistu 63⁸.

klausa, *f. clause, passage* klausur 18⁴.

klerk-dómr, *m. munus et dignitas sacerdotis Lex. poet.* klerk-dóm 33³ klerkdóms 35⁶.

klerkr, *m. a clerk, clericus* klerka 6⁸ 24² 30⁸ 39⁴ klerkar 23⁴ 74⁸ klerkum 37⁴.

klífa, *stv. to climb* 84¹.

klókr, *adj. clever, wise* klóka 24⁷ *arch, wily* klóka 40⁶.

klukka, *f. bell* klukkur 28⁶.

klæði *n. clothes, apparel* 19⁷ 48⁴.

kné, *n. knee* 44⁴.

59

koma, *stv. to come* kemr 8² 24³ 29⁵ 53⁵ kómu 23³ 28⁸
komit 47¹ kom 67⁴ komandi 74⁴.
kona, *f. woman* 58³ konur 14⁸ 62⁶.
kongr, *m. king* kongrinn 72⁷ 73³⁻⁵ 75⁵ kongs 75¹.
-koss, *m. kiss in* friðarkoss 59⁴.
kostr, *m. food* 73⁵ kosti 35¹ kost 51⁴.
kraptr, *m. might, strength, power* krapt 2² krapti 66² krapta
81⁴ *plur. powers, virtues* kröptum 32³ 81².
kremja, *wv. to bruise; ppart.* kramdr : kramdir 62⁴.
kreppa, *wv. impers. to become crippled; ppart.* krepptr :
krepptir 62⁷.
kristinn, *adj. christian* kristins 78⁸.
kristni, *f. christianity* 71².
krjúpa, *stv. to creep* 62⁷.
krydd, *n. spice* kryddum 39⁵.
kundr, *m. son* 15².
kunna, *pret. pres. to know, understand, be able* kunni 31⁶.
kunnigr, *adj. known* kunnig 9² kunnigt 22⁵ 45⁵.
-kunnlegr, *adj. in* forkunnlega 29³.
-kunnr, *adj. known in* ókunnan 43¹.
kurteislega, *adv. gracefully, stately* 74⁶.
kurteiss, *adj. courteous, stately* 67³.
kveða, *stv. to say* kveðr 73⁴ *reflex. to say of oneself* kvezt 69¹.
1. kveðja, *f. greeting* kveðju 50⁴ 66⁸.
2. kveðja, *wv. to call on, address* kvaddi 43³.
kveina, *wv. to wail, mourn, lament* kveinandi 62⁸.
kvelja, *wv. to torment; reflex. to be tormented* kvelst 73³.
kviðr, *m. womb* kviðinn 12⁵ kviði 16⁶ 17¹.
kviðugr, *adj. pregnant, with child* kviðug 8¹.
kvikna, *wv. to quicken, vitam concipere* kviknuðu 8¹.
kvinna, *f. woman* 28² 30³ kvinnu 20¹.
kvistr, *m. twig, branch* 77⁷ (kvistur) *in* blómakvistum 79⁴.
kvæði, *n. poem* 77⁸.
kvæna, *wv. to take a wife; ppart.* kvæntr *married* 72² *in*
einkvæntr 31³.
-kyn, *n. kind, sort in* hverskyns 27⁷ allskyns 80⁴.
kyn-stórr, *adj. high-born, noble* 22⁴.
L lampi, *m. lamp* lampa 16².

-land, *n. land in* Grikklands 78[1].

langr, *adj. long* langan 67[5] langri 76[6]; *comp.* ·lengri 75[5].

langt, *adv.* (*n.*) *far* 61[7] *in* stundarlangt 55[8].

langtum, *adv. long, far* 71[8].

lastlegr, *adj. slanderous* lastleg 36[6].

lauf, *n. leaf, foliage* laufi 80[2].

-laug, *f. bath in* munnlaug 13[6].

lauga, *wv. to bathe* 28[3].

1. laun, *f. secrecy, concealment in* á laun *adv. secretly* 22[2].

2. laun, *n. plur. rewards* [lau]na 85[5].

lausnari, *m. the Redeemer* lausnarinn 59[6] lausnarans 70[8].

-lauss, *adj. -less, without in* formannslauss 23[2] pínulaus 30[4] saklausa 45[1] föðurlausum 81[5].

lausung, *f. loose living, ludicris et lasciviae dedita Lex. poet.* 18[4].

láð, *n. land* 19[6].

lágt, *adv.* (*n.*) *gently, low* 56[3].

lán, *n. loan* láni 68[2] *luck, good luck* láni 84[6].

lát, *n. in plur. manners, gestus* látum 49[2].

láta, *stv. to let, put, cause, grant* 56[6] lét 63[3] láti 66[1] lætur 72[7].

-látr, *adj. in* ranglátum 2[8] réttlátri 10[7].

leggja, *wv. to lay, place* 22[1] leggr 53[7] laginn 60[2] lagði 65[4] legg 85[6]; *reflex. to lay oneself, lie* leggst 58[2].

leggr, *m. stem, trunk* leggrinn 79[3].

leg-staðr, *m. burial-place* legstað 60[1]

leið, *f. way, road* 70[2].

leiða, *wv. to lead, conduct* leiðir 26[2] leiddi 67[5] *in* hugleiðandi 45[8]; *reflex.* leiðast 46[4] leiðist 71[2].

leiðar-stjarna, *f. load-star, stella viae* 81[3].

leika, *stv. to play* leiki 19[3] lék 30[1].

1. leikr, *adj. lay, laicus* leikir 26[7].

2. leikr, *m. play* leika 18[3—7].

leita, *wv. to seek, search* leitandi 61[8].

lemja, *wv. to beat so as to lame, disable; ppart.* lamdr : lamdir 62[4].

lengi, *adv. for a long time, long* 59[5].

lengri, *adj. comp. see* langr.

leyna, *wv. to hide, conceal; reflex. to conceal oneself* leynist 25[1].

leysa, *wv. to loosen, loose* 50³.

lifa, *wv. to live* lifðu 7⁵ 71⁷ lifandi 26⁸ lifir 61¹ lifði 61⁶.

lifna, *wv. to come to life* 53⁸ *to remain* lifnar 71³.

lilja, *f. lily* 78³.

limafalls-sjúkr, *adj. paralytic* limafallsjúkir 62³.

linni, *m. serpent* linna 9⁵ 11⁸.

-linnr, *m. serpent in* nauðalinrinn 12⁶.

list, *f. nature, quality* 14⁴ listir 31¹ *art, craft* listum 24³ 38⁴ 75³ *craft, artifice* listir 76¹.

listugr, *adj. skilled* listug 7⁶.

líða, *stv. to go, pass, move* líðr 18¹ liðinn 61¹ liðna 75⁶; *ppart.* liðinn *past, dead* liðna 70⁷.

líf, *n. life* 33³ líf i 7⁸ 78³ 79³ lífs 70⁷ 75⁴ 77² 81³ lífit 86⁵ *in* englalíf 81¹.

-lífr, *adj. in* hreinlífur 34³ eilífu 86⁸.

-líflega, *adv. full of life in* eilíflega 39⁷.

lífs-grið, *n. respite* 75⁵.

líf-tjón, *n. loss of life, death* 9⁶.

líka, *wv. to like* líki 21⁸.

líkami, *m. the body* líkama 53⁷ 61⁴ 62⁸.

líkamr, *m. the body* líkams 51².

-líkr, *adj. like in* allík 14³.

lík-þrár, *adj. leprous* líkþráir 62³.

líta, *stv. to look, behold, see* 14⁷ liti 8⁸ litu 43²; líta á *to consider* á litandi 64⁷.

lítill, *adj. little* lítit 4¹ 36⁵ 60¹ litlu 51¹.

lítil-læti, *n. humility* 25⁵ 26⁵ 38⁶ 44⁶ lítillætis 84⁴.

ljóð, *n. lay, song* ljóðin 85⁵.

ljós, *n. light* 78² ljósi 27⁸.

ljóss, *adj. light, bright* ljósar 31¹ ljósum 51⁸.

ljótr, *adj. bad* ljótum 33⁸.

ljúfr, *adj. mild, gentle* 25⁶ (ljúfur) 67⁶.

lof, *n. praise* 67⁸ *license in* orlofs 18⁶.

lofa, *wv. to praise* lofuðu 71⁷.

lof-söngr, *m. song of praise, hymn* lofsöng 75⁸.

lopt, *n. air* 9⁵ lopti 23⁶.

lukka, *f. luck* lukku 63⁷.

lundr, *m. tree* lundi 54¹ lundum 55⁸.

lútr, *adj. bowed* lútu 25⁵.

lyndi, *n. temper, disposition* 53¹.

lysta, *wv. to list, desire* lysti 18⁷ 33⁷.

lýðr, *m. people* lýðrinn 10⁸ lýð 11² 33⁷ 83³ lýðum 13⁴ 31² lýðinn 54² lýða 78⁴ 81⁴.

lýsa, *wv. to proclaim, publish* lýsir 26³.

lægja, *wv. to bring down, sweep down* lægir 43⁶.

-lægr, *adj. in* nálægr 49³ fjarlægr 62⁶.

lækna, *wv. to heal* 10⁴.

lækning, *f. a cure* 60⁸.

læknis-dómr, *m. medicine* læknisdóm 61².

læra, *wv. to learn* lærði 18³; *to teach* 3⁵.

lær-dómr, *m. learning, scholarship* lærdóms 18⁸ 39⁴ 75³.

lærðr, *ppart. learned plur.* lærðir *the clergy, clerici* 26⁷.

-læti, *n. manner in* lítillæti 25⁵ 26⁵ 38⁶ 44⁶ lítillætis 84⁴ réttlætis 36⁴.

lög, *n. plur. laws* 3⁷ lögunum 7⁵ lögum 46⁶.

lög-mál, *n. law* lögmáls 45⁴.

löngum, *adv. (gen.) for a long time, long* 36⁵.

löstr, *m. vice* lasta 33⁴ 41² löstu 37² (*Lex. poet. pp.* 339, 535 *reads* losta).

M maðr, *m. man, homo* 22⁴ 31⁸ 63¹ 65¹ 67³ 68¹ 69⁷ 71²⁻³ mönnum 1⁵ 2¹ 45⁵ 61¹ manninn 2⁷ 70⁴ manna 10³ 17⁴ 46³ manni 10⁶ 41⁵ 49⁸ menn 26⁶ 28⁸ 42¹ 45¹ 48² 50⁵ 53² 62⁵ 72⁴ mann 42³ 43¹ 66⁵ mannsins 76¹ *in* heiðrsmanns 26² frægðarmaðr 33¹ kaupmaðr 69¹ hallarmann 72⁶ kennimenn 74³.

maklegr, *adj. meet, fit, proper* 24¹ maklega 85².

-mannlega, *adv. manly in* góðmannlega 22⁷.

margr, *adj. many* mörg 10² margir 23³ 70³ marga 34⁴.

mál, *n. speech, language, narrative* 47¹ 57² máli 2⁶ 3⁶ 85⁸ máls 3¹ málit 85⁶ *in* lögmáls 45⁴.

mál-reitandi, *part. sermonem exordiens Lex. poet.* 5⁶.

mál-snild, *f. eloquence* 4⁵.

máti, *m. manner, way* máta 2⁸ 30².

máttulegt, *adv. (n.) possible* 77⁴.

með, *prep. with dat. with, together with* 2¹⁻³ 3⁶ 7¹⁻²⁻⁸ 8³ 13³⁻⁴ 16⁷ 21⁴⁻⁶ 23⁷ 25³⁻⁵ 26¹ 29⁸ 30⁴ 31⁴⁻⁵ 33⁸ 34⁷

35¹ 36³ 37³ 38²⁻⁴⁻⁵⁻⁶⁻⁷ 39³⁻⁵ 44⁶ 45³ 48³ 49² 50⁴
51² 56⁴ 58⁵ 59²⁻⁴ 63⁴⁻⁷ 65³⁻⁷ 66²⁻⁴⁻⁸ 69⁵⁻⁶ 70⁸ 76⁶
78³⁻⁵ 79⁶ 80³ 84²⁻⁷ 86² *with acc. with* 1⁴ 6³ 8⁶ 11⁴
13² 24⁷ 25⁷ 33⁴ 58⁷ 63² 67⁷ 68² 75⁸ 78⁸ *adv. in* þar
meÐ *therewith* 52⁴.

meÐal, *prep. with gen. between, among* 84³.

meÐan, *adv. while* 13⁷ 28¹.

meÐ-ferÐ, *f. conduct, behaviour* 9².

meÐr, *prep. with acc. with* 25⁶.

mega, *pret. pres. to be able, may* 5³ 73⁴ má 6⁶ 7³ 9⁷ 17⁶
56³⁻⁸ 77⁷ 79¹ megi 10¹⁻¹ 21⁵ 27³. 47² máttu 12¹ 46⁵
megu 45⁶ mátti 74⁶.

1. megin, *adv. in* öllu megin *all around, from all sides* 19⁵.

2. megin, *n. might, strength* megni 43² 70³.

meiÐr, *m. pole;* hökla meiÐr *gestator humeralium* meiÐum
hökla 24¹.

mein, *n. harm* meinum 67² *difficulty* meinum 83⁸.

meina, *wv. to mean* 60⁸ meinar 34².

meira, *adv. more* 2⁷.

meirr, *adv. comp. more* 15⁴ 18⁷ meir 32² 41³ 85¹.

meiri, *adj. comp. see* mikill.

meistari, *m. master, lord* meistarinn 10³ 76¹ *master, scholar*
75³ meistara 18² *in* villumeistarans 40⁵.

men, *n. necklace* menja 55⁸ menja lundum *grove of necklaces*
i. e. viri, homines.

-merki, *n. mark, token in* stórmerki 55⁶ 74⁸ stórmerkjum 77⁶.

merkilegr, *adj. remarkable, noteworthy* 24² merkilegir 23⁴
superl. merkilegustr : merkilegustu 39⁴.

messa, *f. mass* messu 74².

mest, *adv. superl. most* 18⁸.

mestr, *adj. superl. see* mikill.

mestu, *adv. (dat) most* 86⁶.

miÐr, *adj. the middle* miÐri 13⁵ miÐjum 19⁷ miÐju 60⁴.

mikill, *adj. much, great* miklum 45¹ mikilli 46⁸; *comp.* meiri
more, greater 77³ 80⁵; *superl.* mestr *most, greatest* mest 8⁸.

miklu, *adv. (dat.) much* 77³.

mildi, *f. mercy, grace* 30⁷ 80⁵ ([mil]di) 85¹.

mildr, *adj. mild, gentle* 10⁴ (mildʀ) 15⁶ (mildʀ) 38⁶.

milli, *with* á *prep. with gen. between* 69³ 77⁵.

minna, *wv. to recollect; reflex.* minnast *to call to mind* 47².

minni, *n. memory* 52¹ minnis 29⁵ 48⁵ *memorial cup* 72⁸.

miskunn, *f. mercy, grace* 36⁴.

mjolk, *f. milk* 15⁵ 82⁴.

mjúkr, *adj. soft, gentle* mjúka 58⁴ 80⁶.

mjök, *adv. much* 29⁶.

morðari, *m. murder* morðarans 45².

morginn, *m. morning* morgin 24⁴ morni 46⁷.

móðir, *f. mother* 14⁵ 28⁴ móður 5⁵ 13⁸ 15¹⁻⁵ 16⁶ 17².

móðr, *adj. sad at heart, „moody"* móðir 62⁷.

mót, *n. meeting; as adv. in* til móts *towards, against* 11⁸ á móti 25⁴ 26⁵ 33⁸ 53⁶ 58⁸ á mót 73⁶ móti 76².

mót-blástr, *m. opposition* mótblástrar 33⁶.

munaðar-fræ, *n. seed of (lustful) delight, fornication* munaðarfræi 22³.

mundang, *n. balance* mundangs 32⁷ 37⁷ 42⁷ mundangs hóf *making a true balance, moderation.*

munn-laug, *f. basin* 13⁶.

munnr, *m. mouth* munni 38⁸ 39⁸.

munu, *pret. pres. will, shall* mun 5⁵ 14¹ 57³ 60¹ mundu 10² muni 68⁸ muntu 85⁷.

musteri, *n. temple* 82⁵.

múr, *m. wall, murus* múri 82⁵.

mústela, *f. weasel, mustela* 9⁸.

myrða, *wv. to murder; ppart.* myrðr: myrða 53².

myrkva-stofa, *f. dungeon* myrkvastofu 46⁶.

mæða, *wv. to weary; reflex. to be weary, exhausted* mæðist 3³ 15⁸.

mæla, *wv. to speak, say* 4² 5⁴ 85³ mælti 26⁵ mælir 47⁶ 52⁶ 57⁶.

mælir, *m. a measure* mæla 51⁵.

mær, *f. maid, girl* meyjar 22⁹.

mærð, *f. encomium, poem* mærðar 47¹.

mæta, *wv. to meet* 46⁷ mætandi 20².

mæti, *n. plur. good things, wealth* 86³.

mætr, *adj. valuable, excellent* 82⁶ (mætur) mæta 39⁹ mætum 46⁶ mætri 50⁴.

mögr, *m. son* 13⁵ 29⁷.

möttull, *m. mantle* möttli 11⁷ 67⁴.

N naðr, *m. serpent* naðri 12⁵.

nafn, *n. name* 9¹ 16⁸ 25³ 41⁸ nafni 1¹ 54⁶ 68⁴ 78⁴.

naktr, *adj. naked* naktan 12⁵.

nauð, *f. need, distress* 46⁸ 76⁴ nauðum 49⁴.

nauða-linnr, *m. serpent of distress, malus, dirus serpens Lex. poet.* nauðalinnrinn 12⁶.

nauð-syn, *f. need, necessity* 43⁵.

-nautr, *m. mate, fellow in* förunautr 17⁸.

ná, *wv. to near, reach* náði 19⁶.

náð, *f. grace* 21⁶ 70⁸ náðir 44⁵ náða 75⁴ 81³.

náinn, *adj. near to* nánir 62⁶.

nálega, *adv. nearly* 41⁶.

ná-lægr, *adj. nigh, near* 49³.

nátt, *f. night* 49⁵ *see also* nótt.

náttúra, *f. nature* náttúru 9¹ 76².

nefna, *wv. to name* 26⁴.

nefnd, *f. fixing, determining* 9².

neinn, *adj. any, ullus* neins 33⁶.

neita, *wv. to flee, flee from* neitir 36⁸ *to forsake* neitir 71⁴.

1. nema, *stv. to take* nam 8⁵ 55⁷.

2. nema, *conj. except, save* 3⁸ 4⁸ 9⁸ 69⁴ 75⁶.

-nest, *n. food in* farnest 59³.

neyta, *wv. to use, make use of* neytir 12³.

neytir, *m. one who uses* 24⁵.

né, *conj. nor in* hvergi — né 19⁷ kvorki — né 46⁶.

niðr, *adv. down* 18⁶ 40⁴ 53⁴ (niður) 60⁴.

niðri, *adv. down (in)* 67³.

njóta, *stv. to use* njóti 73⁶.

nokkurr, *pron. indef. a certain, any, some* 53¹ nokkut 5⁴ nokkurn 22¹ nokkurum 41⁴ 46² nokkrum 68¹ *in* á nokkuri stundu *aliquamdiu* 8².

nótt, *f. night* 75⁶ 83⁴ *see* nátt.

nú, *adv. now* 7⁵ 10⁷ 12⁷ 13¹⁻⁴ 21⁵ 24⁶ 29⁵ 43⁵ 65⁸ 66¹ 67⁷ 70⁷ 76¹.

nyt-semd, *f. use, profit* 86⁴.

ný-fæddr, *ppart. new-born* nýfæddum 13⁸.

nýr, *adj. new* nýjan 16[1] nýtt 75[7].

nýtr, *adj. fit* nýtir 34[1].

nægja, *wv. to suffice* nægir 43[6].

næmi, *n. learning, study* 18[1].

nær, *adv. near* 47[4] 76[7]; *when?* 41[5].

nærri, *adv. comp. nearer to* 55[3].

næst, *adv. superl. nearest, next* 5[5].

næsta, *adv. very* 2[5]; *next* 77[7].

næstr, *adj. superl. next* næstu 34[2] 76[7] næsta 75[8].

O of, *n. plenty, abundance* 63[2] of fjár *immensily of wealth.*

offra, *wv. to make a gift, to present* offrar 65[2].

of-jarl, *m. „over-earl", over-match* 56[9].

ofran, *f. pride, insolence* 41[2] (*Lex. poet. p.* 614 *reads* ofraun).

1. ok, *conj. and* 1[6] 2[4] 4[3] 7[1—6] 8[3] 9[1—4] 11[2] 14[5—8] 15[3—5] 16[7] 17[3] 18[2] 20[3—8] 21[3—7] 22[2—6—6] 23[4—6—8] 24[2] 25[2—5—8] 26[2—3—7—8] 27[2—3—6] 29[3] 30[2—7] 31[6—6—7] 32[4] 33[3] 34[5—6—8] 35[2—5] 36[1—4] 37[1] 38[4?—6—8] 39[2—8] 40[3—7] 42[1—4] 43[1—3—7] 44[4—6—7] 45[4—7] 46[4—8] 47[8] 48[4] 49[6—7] 50[1—3] 51[4—8] 52[4—8] 53[6] 54[2—4—5—8] 55[1—5] 56[4] 57[2—8] 58[2—5] 59[2—3—5] 60[3—6] 61[7] 62[7] 63[5] 64[1—3—4] 66[4] 67[6] 69[2—8] 70[2—5] 71[4—7] 72[1—3—4—8] 74[6] 75[1—4] 77[2] 78[1—2—6—8] 79[8] 80[2] 81[3—4] 82[4] 83[2] 84[5] 85[8] 86[2]; *in comp. as, than* 14[4] 32[2].

2. ok, *adv. also* 61[1].

okkar, *pron. our* okkrum 56[5].

olíva-tré, *n. olive-tree* 78[5].

opt, *adv. oft* 23[6].

optast, *adv. superl. oftenest, usually* 56[5].

orð, *n. word* 36[6] orðin 1[3] orða 3[6—8] 39[6].

or-lof, *n. leave, leave of absence* orlofs 18[6].

ormr, *m. serpent* ormsins 9[7] 12[1] *in* höggormr 8[6].

O' óðr, *adj. mad* oðir 62[2].

ó-fróðr, *adj. ignorant* ófróð 1[7].

ógn, *f. terror* ógnar 45[3].

ó-hreinn, *adj. unclean* 56[1].

ó-kunnr, *adj. unknown* ókunnan 43[1].

óleum, *n. oil* 82[3].

ó-sljálega, *adv. deftly* 2[6] (*Lex. poet. p.* 632 *reads* óskjáliga).

ó-snilli, *f. vanity* 20[7].

67

ótta, *f. the last part of the night, just before daybreak* óttu
25² 75⁶.

ó-varlega, *adv. unwarily* 19⁴.

ó-vænt, *adv. (n.) hopeless, with little chance of success* 85².

ó-þrætinn, *adj. not strifeful, non contentiosus* 31⁴.

P pallr, *m. bench, scamnum* palli 17⁶ *step, gradus scalarum* pöllum 84².

panna, *f. pan* pönnu 28⁴ 30³ pannan 29⁷.

-partr, *m. part in* stefjapart 27².

pá-fugl, *m. pea-fowl* páfugls 84⁵.

pálmi, *m. palm-tree* pálma 79¹.

peðísechus, *m. servant, pedisequus* peðísechum 17⁵.

pellicánus, *m. (?) pellican* 84⁶.

pipra, *wv. to quiver, shake* 49⁶.

pínu-lauss, *adj. without pain, painless* pínulaus 30⁴.

postuli, *apostle (Paul)* postulinn 31¹ 34² postulans 33² (*Cf. Paul's Epistle to Titus* I. 7. 8. 9.).

prédicátor, *m. preacher* 35⁵.

prett-víss, *adj. tricky, wily* 69⁷.

prócessía, *f. procession, processio solennis ecclesiastica Lex. poet.* 74².

prósa, *f. prose* prósu 76⁶.

prúðr, *adj. fine, stately* prúðan 17⁵ *superl.* prúðastr : prúðust 30³.

prýða, *wv. to adorn, ornament* 31² 34¹ 82² *ppart.* prýddr : prýddan 27⁸.

prýði, *f. ornament* 6⁸ 84⁵.

psálmr, *m. psalm* psálma 38⁵ 59⁵.

punktr, *m. point, point of time* punkt 73⁷.

pynda, *wv. to compel, torment* 36².

R rammlegr, *strong, bitter* rammlegum 48³.

rang-látr, *adv. unrighteous, unjust* ranglátum 2⁸.

ranglega, *adv. wrongly* 50².

rann, *n. house* rann[i] 23⁸.

rata, *wv. to fall into* rataði 75².

raunar, *adv. (raun) really, indeed* 11¹ 22².

raust, *f. voice* 44⁶.

5 *

ráð, *n. counsel, advice, „rede"* 12⁴ 40⁸ 43⁶ 70⁶ 81⁰ ráði 5⁸
21⁶ 59¹ 70⁸ ráðum 22⁷ *in* virtaráð 37².

ráða, *stv. to advise, counsel* ráðit 41⁶ *ppart.* ráðinn *determined* 75¹; *reflex.* ráðast : ráðizt 44⁹.

regla, *f. rule, precept* reglu 4⁶ 33² 38³.

1. reiði, *f. wrath, anger* 46⁴ 75¹.

2. reiði, *m. rigging of a ship* reiða 43⁷.

reifar, *f. plur. swaddling-clothes* reifum 15².

reikna, *wv. to recount, narrare* reiknar 50¹; *reflex.* reiknast *reckon, calculate* 41⁴ reiknist 57¹.

reikningr, *m. ratio* reikning 51⁷.

reita, *wv. to tear* 48³.

-reitandi, *part.* (reita) *in* málreitandi 5⁶.

rekkja, *f. bed* rekkju 58².

rekki, *m. hero, champion* rekka 48⁵.

renna, *wv. to run* rennr 29² 48⁵ (rennur); *to make run, to do* 20⁴.

-rennari, *m. runner, messenger in* fyrirrennari 16⁹.

reyfa, *wv. to rob* reyfaði 72³.

reyna, *wv. to experience; reflex.* reynast *to be proved, turn out by experience* reyndust 12⁸.

reyndar, *adv.* (reynd) *really, truly* 46³ 80⁷.

rétt, *adv.* (*n.*) *just, exactly* 39² 48⁶ *rightly* 4⁴ 60⁷ *directly* 23⁷ *straight* 84².

rétt-látr, *adj. righteous* réttlátri 10⁷.

rétt-læti, *n. righteousness* réttlætis 36⁴.

réttr, *adj. straight, upright* réttur 13⁵ *right, just* réttum 34⁶.

rita, *wv. to write* 31⁶.

ritning, *f. writing, history* 47⁶ 52⁶ 57⁶.

riða, *stv. to swing, sway* ríðr 55¹.

rífa, *stv. to rend* rifu 48⁴.

-ríki, *n. kingdom in* himnaríki 47⁷ 52⁷ 57⁷.

ríkja, *wv. to reign* 31⁸.

ríkr, *adj. rich* 63¹ ríkir 62⁵ ríki 65¹ ríkar 72³.

rísa, *stv. to arise, rise* ríss 64³.

-rof, *n. breach, breaking in* heitrof 65⁷.

róg, *n. slander* rógi 46³.

rósa, *f. rose* 78².

rót, *f. root* 36⁷.

rupla, *wv. to plunder* ruplaði 72⁴.

1. ræða, *f. speech* ræðu 5³.

2. ræða, *wv. to speak* 60¹.

rækja, *wv. to regard, heed, cultivate* 18⁸.

ræna, *wv. to rob, plunder* rænti 72².

rödd, *f. voice* 23⁷ [rö]ddu 86².

S safna, *wv. to gather, collect; reflex.* safnast *to gather together* 54⁶ 68⁴.

sak-lauss. *adj. innocent, not guilty* saklausa 45¹.

salt, *n. salt* salti 3⁴.

salt-gröf, *f. salt-pit* 53².

saman, *adv. together* 17³.

samans, *adv. in* til samans *together* 23⁴.

sam-pínast, *vreflex. to have compassion upon* sampínist 11¹.

samr, *adj. the same, idem* sömu 49⁵ 74¹ sama 73⁷ *in* síð-samr 31⁷ friðsamr 36¹.

sam-tempra, *wv. to temper, moderate* samtempraði 36³ (*Lex. poet.* p. 813 *reads* saman tempraði).

sandr, *m. sand, the sea shore* sandi 19¹.

sann-leikr, *m. truth* 1⁴.

sannlega, *adv. truly, verily* 10⁶ 17⁴ 32¹ 79⁶.

sannr, *adj. true* sannan 28⁷.

sauðr, *m. sheep* sauðir 58⁶.

saurugr, *adj. dirty* saurugt 64¹.

sá, sú, þat, *pron. is, ea, id* sá 7³ 23¹ 24¹ sú 14¹ þat 1⁷ 2⁷ 8² 45⁵⁻⁶ 47³ 76⁷ 82¹ því 4⁷ 29¹ 40¹ 41³ 47⁴ 74⁷ þann 7² 7⁷ 72⁶ þau 12⁸ 21³ 49⁷ 70⁶ 86³ þá 13⁵ 39⁵ 82⁴ þeir 24⁶ 39⁸ 40² 44² ?⁻³ 49¹? 51⁴⁻⁶ 53⁸ þeirra 14⁶ 22⁴ 53⁴ þeim 24⁸ 32³ 34⁴ 35⁴ 42⁴ 43¹ 81⁷ þeirri 72⁵ þær 86⁸.

sál, *f. soul* sálu 39⁷ 47⁵ 52⁵ 57⁵ sálin 59⁷ sálum 82³.

sálu-bót, *f. the soul's health* sálubótar 34⁸.

sárr, *adj. sore* sárum 46⁸ 58⁵.

seðja, *wv. to satiate, feed* saddi 39⁵.

seggr, *m. a man plur. viri, homines* seggjum 54⁵ seggir 64⁵.

segja, *wv. to say, tell* segir 23¹ sögðu 28⁷ 50⁶ *ppart.* sagðr 65⁴ sagðra 10⁵ sagt 52².

70

seilast, *vreflex. to stretch out one's hands* seilist 64².

selja, *wv. to sell* 68³.

sem, *conj. as* 1⁸ 3⁵ 6⁴⁻⁶ 7⁵⁻⁷ 8¹ 10⁵ 11³ 13¹ 23¹ 28⁵
32³⁻⁷ 33⁵ 37⁷ 38¹ 39⁷ 41³ 42⁷ 47⁴⁻⁶ 48¹ 52⁶ 54⁸
57⁶ 59⁶ 61²⁻⁶⁻⁷ 62⁶ 74⁶ 83⁵ *in* scm — ok *as well
— as* 14⁸.

sem, *rel. part. who, which, that* 34² 81⁷.

-semd, *f. in* siðsemd 4³ 31⁷ nytsemd 86⁴ hofsemd 31⁵ 38².

semja, *wv. to put together, to shape* semr 66¹ semja heit *to
make a vow.*

senda, *wv. to send* sendi 50³ sendir 61⁵ sendar 86⁷
reflex. sendast 66².

sermon, *m. sermon* sermonem 58⁷.

setja, *wv. to set, place* settr 60⁴ *ppart.* settr : settan 84²
in þykksettar 32⁵ 37⁵ 42⁵ *set, adorn* sett 77⁸.

siðr, *m. habit, manner* siðir 34¹.

sið-semd, *f. good manners, courtesy* 4³ 31⁷.

sið-vandaðr, *adj. ad honestatem compositus* siðvandat 12⁴.

sigla, *wv. to sail* sigldu 63⁵.

signa, *wv. to bless, consecrate ppart.* signaðr 79⁵.

sigr, *m. victory* 78⁴.

sigra, *wv. to vanquish, overcome* sigrat 40⁶.

silfr, *n. silver* 66⁴.

sinn, *pron. suus* 44³ sínum 1⁵ 11² 30⁴ 32⁴ 61⁴ 81² sínu
2⁶ 59¹ sinnar 15⁵ 17² sín 48⁴ 71⁴ sína 54³ sitt
65⁷ sinni 72⁸.

sinn, *n. time* 22⁵ sinni 15⁴ 66⁶ sinnum 54⁵ 80⁷.

sitja, *stv. to sit, stay, abide* 72⁷.

síðan, *adv. afterwards* 11¹ 12⁸ 35² 43⁸? 44⁵ 50³ 54⁴ 59¹
64⁵ 65² 67⁶ 71⁷ *since* 12³.

síðar, *adv. comp. later* 51¹.

síðari, *adj. comp. latter* 17¹; *superl.* siðastr *last* siðast 59⁶.

síðr, *adv. comp. less* 35³ (síður).

sín, *reflex. pron. sui* 16⁷ 41¹ sér 8⁷ 11⁷ 32⁸ 37⁸ 39³ 42⁸
59² 72⁸ sik 20⁵.

sjau, *cardinal number seven* 54⁵.

1. sjá, *stv. to see* 66⁵ 74⁴ 83⁸ 85⁷ sé *ecce* 16¹⁻²⁻³ sáu 45⁷.

2. -sjá (sjó), *f. in* forsjá 34⁷ skuggsjó 83⁸.

3. sjá, *pron.* (= sá, sú) *fem.* 24⁸.

sjálfr, *adj. self, him-, her-, itself* 13⁶ 49⁶ (sjálfur) 85⁷ (sjálfur) sjálfri 60³ sjálfar 80⁹.

sjón, *f. sight, the eyes* sjónum 9⁶.

sjúk-dómr, *m. sickness* sjúkdóm 58².

sjúkr, *adj. sick* sjúkum 58⁴ 82³ *in* limafallssjúkir 62³.

skaði, *m. scathe, harm* skaða 12².

skaka, *stv. to shake* skekr 83².

skamma, *wv. to shame, disgrace reflex.* skammast *to be ashamed* 65⁶.

skamtr, *m. portion* skornum skamti *in short measure* 68⁷.

skapa, *wv. to create, make* skapti 2².

skapari, *m. the Maker, Creator* skaparinn 32³.

-skapr, *m. in* vondskap 70¹.

skál, *f. scales* skálir 85⁶.

skáld, *n. poet* skálda 4⁵.

skáli, *m. house, dwelling* skála 57².

ske, *wv. to course, run* skeði 51¹.

skeina, *wv. to wound slightly; ppart.* skeindr : skeindir 62¹.

skenkja, *wv. to serve drink, fill one's cup* skenkti 73⁷ skenkir 82³.

skera, *stv. to cut, shape; ppart.* skorinn : skornum 68⁷.

skeyti, *n. shaft, telum* skeyta 36⁷.

skilja, *wv. to understand* 4⁴ 6⁶ 24⁶ 56³ 64⁸ skilr 1⁷ 68⁸ 76¹ skil 4⁶.

skilnaðr, *m. separation* skilnað 64⁷.

skip, *n. ship* 51³ skipi 43³ 51⁶.

skipa, *wv. to order, arrange* skipar 59¹.

skipta, *wv. to share, divide* skipti 22⁸ skiptir 32³.

skipti, *n. dealings, transactions* skiptum 56⁵.

skip-verjar, *m. plur. ship's crew* skipverjum 44¹.

skína, *stv. to shine* skínandi 81².

skínanda, *adv. shiningly* 32⁴.

skjálfa, *wv. to shiver, shake* 49⁶.

skjótlega, *adv. swiftly, quickly* 73⁸.

skjótr, *adj. quick, swift* skjótan 64⁷.

skjótt, *adv. (n.) quickly* 8⁵ 44¹ 50¹.

skjöldungr, *m. king* skjöldung 73⁷.

72

skorða, *f.*, *plur.* skorður *certi fines, principles* skorðum 3^8.

skóli, *m. school* skóla 18^0 *schola* 81^4 skóla 47^1.

skrifari, *m. writer* 34^7.

skríða, *stv. to creep, crawl* 8^5 62^7 skríðandi 56^2.

skrýða, *wv. to clothe, put on reflex.* skrýðast *to equip* 11^2 *to adorn* skrýddist 27^8.

skugg-sjó, *f. mirror* 83^8.

skulu, *pret. pres. shall, must* skal 9^1 21^7 24^8 31^8 skyldu 46^7 skulum 86^1.

skunda, *wv. to hasten* 44^2 skundaði 29^6.

-skurðr, *m. scoring, cutting in* úrskurð 48^1.

skyggðr, *adj. clear, bright* 47^8 52^8 57^8.

skýrr, *adj. clear, distinct* 34^8 *clever* skýrra 4^5.

skæðr, *adj. scatheful, noxious* 8^6 · skæðum 83^6.

skærr, *adj. bright, clear* skæru 21^4 skært 60^6 skærum 67^8.

sléttr, *adj. flat, even, smooth* slétt[ri] 70^4.

slíkr, *adj. such* 31^8 (slíkur) slíkum 21^8 79^2 slíkar 30^6 44^6 slíkan 45^8 slík 55^6 74^8.

-sljálega, *adv. carelessly in* ósljálega 2^6.

sljófa, *wv. to dull, hebetare* sljófar 19^4.

-smá, *wv. to scorn in* forsmáði 40^8.

smán, *f. shame, disgrace* 68^2.

smíða, *wv. to make, construct, fabricare* 4^7 smíðat 32^8 37^8 42^8.

-smjör, *n. fat, oil in* viðsmjör 60^6.

smurning, *f. annointing (extreme unction)* 59^3.

sneiða, *wv. to cut* sneiða hjá *to pass by* 24^8.

snerta, *stv. to touch* 19^8.

-snilli, *f. in* ósnilli 20^7.

sofna, *wv. to fall asleep* 70^2.

son, *m. son* 21^1 72^1.

sonr, *m. son* 17^1 syni 13^6 son 14^7 16^{1-4} 63^3.

sorg, *f. sorrow, care* 24^4 sorgum 8^4 67^1.

sól, *f. sun* 81^4.

sómi, *m. honour* sóma 17^3 26^1 77^2 78^8.

sótt, *f. sickness* sóttum 80^4.

spálcikr, *m. divination, prophecy* spálciks 47^8 52^8 57^8.

speki, *f. wisdom* spekinnar 47^6 52^6 57^6.

spekt, *f. wisdom* spektar 3⁸ 39⁶.

spenna, *wv. to span, clasp* 48² spennir 72⁴ *to spend* spen- tur 73².

spilla, *wv. to spoil, destroy reflex.* spillast *to be damaged, spoiled* spillist 79⁷.

-spjall, *n. a saying in* guðspjalls 21⁶.

-spor, *n. track, trace in* fótspor 17⁷.

spyrja, *wv. to ask* 67¹ spyrr 73³.

spöng, *f. a spangle (of mail)* spanga 63³.

staðr, *m. a „stead", place, town* 7₄ 23¹ stað 8³ staðinn 8⁵ staðnum 28²⁻⁶ *place* 48⁶ *church, convent* stöðum 7¹.

stafr, *m. staff* 70⁵ staf 69⁵⁻⁸.

stama, *wv. to stammer* stamanda 3⁶.

standa, *stv. to stand* 74¹ stóð 7² 13⁵ 29⁷ stendur 8⁴ stóðu 55² standandi 82⁸.

starf, *n. labour* starfi 73⁸ störfum 86⁴.

stef, *n. slave, burden, refrain* 27⁴ 47².

stefja-partr, *m. the slave-part* stefjapart 27².

stefna, *wv. to aim at* stefndi 85² *to summon ppart.* stefndr 54⁸.

-steinn, *m. stone in* gimstein 32⁸ 37⁸ 42⁸ gimsteina 65³ gimsteinar 82².

stein-pró, *f. stone-coffin, sarcophagus* 60².

sterklega, *adv. strongly* 55⁷.

sterkr, *adj. strong, mighty* 1⁶ sterku 85⁴.

steypa, *wv. to cast down, overthrow* 55⁷.

stétt, *f. degree, rank* 34⁶ veraldar stétt *laici* stéttum 37³.

stigi, *m. step, ladder* stiga 84¹.

-stika, *f. stick in* kertisstika 78⁷.

stirðna, *wv. to become stiff* stirðnar 3³.

-stjarna, *f. star in* leiðarstjarna 81³.

stjórn, *f. rule, government* stjórnar 26⁸.

stjórna, *wv. to govern* 21⁷.

-stofa, *f. room in* myrkvastofu 46⁵.

stofna *wv. to establish, lay the foundation of* 27¹ (*Lex. poet. p.* 774 *reads* stefna).

stoltr, *adj. proud* stolta 82⁷.

stormr, *m. storm* stormi 23².

-stóll, *m. bishop's see in* erkistóll 7³.

74

stórlegr, *adj. great* stórlegum 8³.

stór-merki, *n. plur. wonderful things, great wonders* 55⁶ 74⁸ stormerkjum 77⁶.

stórr, *adj. great* stórum 27¹ 54¹ stórar 27⁶ stóra 43⁵ *in* kynstórr 22⁴.

strangr, *adj. strong, severe* strangan 11⁶.

straumr, *m. stream* straumi 25⁸ 53⁵.

strax, *adv. at once* 13⁴.

stríð, *n. strife, combat* 11⁴ 38².

stræti, *n. street* 20² 30⁵ strætum 7¹.

stuðill, *m., plur.* stuðlar *columns, literae metricae servae* stuðlum 3⁷.

stund, *f. a certain length of time, while, hour* 13⁶ 43⁸ stundu 8² 56⁶.

stundar-langt, *adv. very far* 55⁸.

stundum, *adv. sometimes* 18.

styggja, *wv. to frighten away* styggði 54² *offend* 65⁸.

styrkr, *adj. strong* styrkir 43⁷.

stýra, *wv. to direct, govern, manage* 21⁷ stýri 3¹.

stökkva, *stv. to leap, spring* stökk 56¹.

sundr, *adv. asunder* 70⁴.

sunn[an], *adv. from the south* 74³.

-súrr, *adj. sour in* gallsúru 40³.

sút, *f. sorrow, grief* 58⁵.

súta-fullr, *adj. sorrowful, mournful* sútafullir 64⁶.

svara, *wv. to answer* svarar 25⁴.

svefn, *m. sleep* svefninn 19⁴ svefni 49⁵.

sveinn, *m. boy* 63⁸ svein 13² 63⁶ 64⁴ sveinar 19¹ sveininn 66¹ 67² 72⁷.

sveit, *f. band, company* 4⁸ sveitum 59⁸ *country, district* sveita 61⁸ *plur. viri, homines* sveitum 80⁶.

sveita, *wv. to sweat* sveitir 79⁸.

svelgja, *stv. to swallow up* svelgir 64³.

svelgr, *m. tide* svelgs 19².

sverja, *stv. to swear* sór 68³.

svinnr, *adj. wise* svinni 10⁸ svinnir 28⁸ svinna 85⁸ *superl.* svinnust 12³.

sviptir, *m. one who takes away quickly, removes* 67¹.

75

svo, *adv. so, thus* 5^3 8^8 15^6 16^5 18^1 21^8 27^6 30^5 32^5 37^5 39^6 41^6 42^5 46^{4-5} 47^2 56^3 80^1 86^8.

-syn, *f. in* nauðsyn .43^5.

synd, *f. sin* synda 5^2.

syngja, *stv. to sing* söng *pass.* syngst 74^2 *to crow* syngjandi 83^1.

systur-dóttir, *f. a sister's daughter* systurdóttur 6^7.

sýna, *wv. to shew* sýnir 12^5 sýni 75^6 *reflex. to appear* 14^1 sýnist 64^1.

sæði, *n. seed* sæðis 52^4.

sækja, *wv. to seek* 26^7 *to visit* sækir til 63^1 65^1.

sæla, *f. bliss, happiness* sælu 86^7.

sæll, *adj. blest, happy* 32^1 58^1 sælan 5^4 86^1 sæls 47^6 52^6 57^6 sæli 44^5 49^3.

sæma, *wv. to endow* sæmdur 32^2.

sæmd, *f. honour* 17^3 50^2.

1. sæta, *wv. to get, obtain* 46^6.

2. sæta, *f. a woman* 12^3.

sæti, *n. seat* 47^5 52^5 57^5.

sætleikr, *m. sweetness* sætleiks 78^2.

sætr, *adj. sweet, mild* 3^2 31^7 38^6 sætri 5^3 44^6 66^8 sæta 36^4 73^1 82^4 sætum 39^5 50^4 sætt 59^3 sætu 78^3.

söngr, *m. song* 76^6 *in* lofsöng 75^8 *chanting* söngvum 38^5.

T taka, *stv. to take hold of, grasp, take* tók 26^1 68^2 72^5 tóku 71^5 tekr 73^5 taka at heita *to make a vow* 5^6 tók at skrýðast *equipped* 11^2 tekr vaxa *increases* 13^4 tekr upp *begins* 18^1 *takes up* 64^1 tók rækja *took interest in* 18^8 tók at renna *performed* tók *received* 21^3 tóku 52^3 tók at byrja skunda *began to hasten* 44^1 tók heilsu *took care of, nursed* 58^4.

tala, *wv. to talk, speak* talaði 23^8 talar 44^5 56^3.

tákn, *n. token* 12^8 tákna 13^3 táknum 51^8.

tára-foss, *n. flood of tears* tárafossi 59^4.

-teign, *n. token in* hjarteignir 27^6 77^1 jarteign 52^1.

telja, *wv. to count* telr 31^1.

-tempra, *wv. to temper in* samtempraði 36^3.

thesaurus, *m. treasure, thesaurus* thesaur (*acc.*) 65^2.

-tign, *f. dignity in* byskupstign 38^1.

til, *prep. with. gen. to, towards* 1³ 11⁸ 14⁶ 21² 23⁴ 24²⁻⁴
26⁸ 27³⁻⁴ 28⁸ 29³⁻⁵⁻⁶ 34⁸ 43⁴ 44²? 46⁵ 48⁵ 54⁸ 59⁷
60⁶⁻⁷ 61⁵ 63¹ 65¹ 66³ 67⁴ 68⁶ 71² 74² 81⁶ 83³ 84¹
86⁷ *adv. to* 47² 54⁶.

til-burðr, *m. occurrence, event* tilburð 50⁶.

-ting, *n. in* fullting 4⁸.

tið, *m. time* 7² 18⁵ 75²; *f.* 74¹ tíðum 46² *in* burðartíð 14³
hátíð 28⁵ hátíðisdag 73¹ *plur.* tíðir *service time, horae
canonicae* 29⁴.

tíðindi, *n. plur. tidings, news* 10⁵.

tími, *m. time* 13¹ tíminn 13³ 18¹.

tjald-búð, *f. tabernacle* 82⁸.

tjá, *wv. to tell, report, relate* 10¹ tjáð 41⁶ *reflex.* tjást 10⁶
tjáðust 70⁶.

-tjón, *n. loss in* líftjón 9⁶.

tólf, *cardinal number twelve* 31² 84⁴.

traustr, *adj. trusty, sure, firm* traustan 84³.

trautt, *adv.* (*n.*) *hardly, scarcely* 56³.

tregi, *m. grief, sorrow* trega 58⁵.

tré, *n. tree* trét 54⁷ 55⁵ *in* víntrés 77⁸ olivatré 78⁵.

trú, *f. faith, belief* 44⁷.

trúr, *adj. true, faithful* 18².

tunga, *f. tongue* 1⁷ 47³ tungu 16⁷ 17⁷.

tungl, *n. moon* tungli 81¹.

turn, *m. tower* 82⁶.

túrtúr, *f. turtle-dove* 84⁷.

tveir, *cardinal number two* tveimr 79² tveggja 84³.

-tækr, *adj. in* fátækir 62⁵.

tönn, *f. tooth* tanna 56⁴.

U um, *prep. with acc. around, about, during* 3² 4² 5⁴ 13⁶ 14²
17³ 20³ 36¹⁻⁵ 43⁸ 60¹ 61³ 67⁵ 70⁶ 75⁷ 76⁸ 77² 85⁴;
adv. about 7³ 21⁵.

um-göng, *n. plur. circuit* 2⁴.

undan, *adv. from under, underneath* 56¹⁻⁶.

undarlegt, *adv.* (*n.*) *wonderfully* 1⁸.

undir, *prep. with acc. under, underneath* 55⁵.

undr, *n. wonder* 8² undra 10⁵.

ung-barn, *n.* „*young bairn*", *infant* ungbörn 3⁵.

ung-menni, *n. youth* ungmennis 20⁴.

ungr, *adj. young* ungan 63³ 66⁵.

unna, *pret. pres. to love* unni 33⁵ unnandi 38⁸ *reflex.* unnast 39⁸; *to grant, bestow* unni 35⁴.

upp, *adv. up* 11⁵ 18¹ 19⁶ 31¹ 52² 53⁶ 64¹.

upp-half, *n. beginning* 1¹.

uppi, *adv. up, upon* 43³.

ʊ -úð, *f. the mind in* ástúð 18⁵ 59².

úr, *prep. with dat. out of, from* 3⁸ 56².

úr-skurðr, *m. decision* úrskurð 48¹.

út, *adv. out* 11⁶ 19³ 29⁴ 56² 61³ 64².

úti, *adv. out* 64⁶.

ᴠ vagn, *m. wagon, chariot* vagnar 70³.

vaka, *wv. to be awake* vöktu 23⁶ vakir 24⁷.

vakna, *wv. to awake* vaknar 50¹.

valda, *wv. to rule* valdi 39³.

valdi, *m. ruler, Christ* 30⁷.

valdr, *m. master, possessor* 34⁵.

vanda, *wv. to work elaborately* ppart. vandat 27⁴.

vandaðr, *adj. elaborately made* 84⁸ *in* siðvandat 12⁴.

1. vandi, *m. habit* vanda 9⁷.

2. vandi, *m. wilfulness, caprice* vanda 45⁸.

vanr, *adj. wont, accustomed* 31⁷.

vanta, *wv. to want, lack* 4¹.

vara, *wv. to warn reflex.* varast *to beware of* 18⁴.

varða, *wv. to warrant* varðar 86⁶.

vargr, *m. wolf* vargi 83⁶.

varla, *adv. scarcely* 41⁴.

-varlega, *adv. warily in* óvarlega 19⁴.

vaskr, *adj. manly, brave* 37¹.

vatn, *n. water* 60⁵.

vaxa, *stv. to wax, grow, increase* 13⁴ 21⁵ vex 68⁵.

vega, *wv. to weigh* vegr 69⁶.

veggr, *m. wall* veggja 82⁶.

veglega, *adv. nobly, magnificently* 79¹.

veglegr, *adj. grand, magnificent* veglegrar 4⁶ veglega 33² vegleg 80¹.

1. vegr, *m. way, road* veg 67⁵ 84³ *way, manner* veg 21⁷.

2. vegr, *m. glory, honour* vegs 26⁸ 27³.

veiðr, *f. a catch, captura* 24⁸.

veikr, *adj. weak* 25⁷ veikir 62³.

vcita, *wv. to grant, give* 12² 51⁴ veiti 4⁸ 86³ veitti 13⁷ 37⁴ veitandi 52² veitir 60⁵ 80⁶ *pass.* veitast *to be given* 59².

veitandi, *part.* (veita) *a giver, helper* veitanda 1².

vckja, *wv. to waken* 83².

vel, *adv. well* 13⁶ 17⁶ 79¹ *in* fullvel 44³.

vella, *f. boiling heat, ebullition* vellu 29⁸.

vera, *stv. to be, esse* er 1⁵ 9⁴ 13¹ 23¹⁻² 24¹ 47¹ 57⁵ 61¹ 73⁵ 77⁴⁻⁵ 81¹ 82⁷ eru 3⁷ 9⁶ 14⁶ 55⁶ 77³ 80¹ var 81⁻⁸ 15⁷ 16⁵ 22⁴⁻⁵ 28² 32¹ 33¹ 34³ 36¹⁻⁵ 41³ 42⁴ 45⁵ 47⁵ 52⁵ 59⁷ 60² 65⁵ 72¹ vóru 19¹ 23⁵ em 25⁷ 43⁵ væri 28⁵ 47⁴ vcrtu 49³ sé 71⁸ ertu 78¹ 82¹ séu 86⁷.

verða, *stv. to become, happen, come to pass* 27³ 50² 63⁴ verði 9² orðit 14³ verð 56⁵; *ppart.* vorðinn : vorðinna 39⁶.

verðleikr, *m. merit, desert* verðleik 25⁷ verðleiks 30⁷.

verðugr, *adj. worthy* verðugt 47⁴.

verja, *wv. to furnish, give* 51⁶.

verk, *n. work, deed* 55⁶ 57¹ verkum 1⁶ 33⁸ verka 77⁶ verkin 85⁴ *in* frægðarverk 20⁹.

verna, *wv. to protect, defend* verndar 81⁶.

vernd, *f. excuse* 85⁸.

vers, *n. verse* 59⁶.

veröld, *f. the world* veraldar 17⁸ 23² 34⁶ 83⁴ 84⁶ 86³ veröldin 61².

vcsall, *adj. poor, wretched* 25⁸ veslan 4².

vél, *f. wile, device* vélum 69⁵.

við, *prep. with dat. with* 11⁸ 41² 55⁵ 83⁸; *with acc. by, at, with* 29² 30¹ 35² 55⁴.

1. viðr, *m. tree* viðinum 80¹.

2. viðr, *adv. thereby, therewith* 53⁸.

við-smjör, *n. oil* 60⁶.

vikna *wv. to give way, decedere* viknar 57¹.

vili *m. will, wish, desire* vilja 4⁴ 24⁶ 64⁵.

vilja, *pret. pres. to will. wish* vil 1¹ 27¹ vilda 1³ vildi 10⁴ 15⁶ 36⁶; *denoting futurity* 68⁸.

villa, *f. error* villu 15⁷ 40¹ 45⁴ 71⁴.

villu-meistari, *m. master of error, the devil* villumeistarans 40⁶.

vin, *m. friend (see* vinr) 53⁵.

vinda, *stv. to wind* undinn 15².

vinna, *stv. to work* vinnr 1⁸ 2¹ *to win, gain* vann 17¹ 20¹ vinnr 70¹.

vinr, *m. friend* vin 14² 42² 50⁵ 65⁸ 67⁸ vinar 22⁷ vinir 23⁵ *in* ástvin 32⁴.

virðar, *m. plur. viri, homines* virðum 37¹ virða 50¹.

virðulegr, *adj. fine, splendid* virðuleg 28¹ *superl.* virðulegstr : virðulegsta *worthiest* 30⁸.

virta-ráð (= virktaráð), *n. excellent advice* 37².

vist, *f. dwelling, abode* 79⁴ vistar 21² *food* 38⁴ (drykk ok vist *meat and drink*).

vit, *n. consciousness, sense* vitit 57².

vita, *pret. pres. to know* veit 4¹.

vitni, *n. witness* 7⁷ 50⁸ 70⁵.

vitr, *adj. wise* 31⁶ vitrir 45⁶.

vizka, *f. wisdom* vizku 3⁴ 4³ 24⁵⁻⁷.

vizku-fullr, *adj. full of wisdom* 34⁵.

viðr, *adj. far, great* víðum 7².

vígsla, *f. consecration, ordination* 28¹.

víkja, *stv. to move, turn* 79² víkr 70².

vín, *n. wine* 61⁴.

vín-garðr, *m. vineyard* víngarðs 83³.

vín-tré, *n. vine* víntrés 77⁸.

vísa, *f. strophe, stanza* vísan 5⁸.

víslega, *adv. for certain* 4³.

víss, *adj. wise in* prettvíss 69⁷ *certain* at vísu *certainly, surely* 81⁵.

-víta, *wv. in* ávítaði 45³.

vítan, *f. rebuke* 49⁷.

vítt, *adv. (n.) far* 61⁷.

voði, *m. danger* voða 8³.

vona, *wv. to hope* 85¹.

vondr, *adj. bad, wicked* vondra 46³ vondum 69⁵.

vond-skapr, *m. wickedness* vondskap 70¹.

-vopn, *n. weapon in* fólkvopnum 11³.

vorr, *pron. our* vorum 49⁴ vora 86⁴.

votta, *wv. to witness, affirm* 9¹ vottat 75⁷.

vængr, *m. wing* vængi 83¹.

vænn, *adj. fair, fine, beautiful* væna 6⁵ vænum 19¹ vænu 65³ 80² vænan 83³ *in* allvænn 7⁴.

-vænt, *adv.* (*n.*) *in* óvænt 85².

-völlr, *m. ground in* grundvöll 35⁶.

vörn, *f. defence* vörnum 46⁶.

-vöxtr, *m. growth in* ávöxt 52⁴.

Y yfir, *prep. with. acc. over, above* 8³; *with dat.* 23⁸.

yrkja, *stv. to compose a poem, make verses* 7³.

Ý ýmiss, *adj. various* ýmsum 37³.

ýtar, *m. plur. viri, homines* 66⁵ ýta 40⁴.

Þ þakka, *wv. to thank* 44⁴.

þanninn, *adv. this way, thus* 23⁸.

þar, *adv. there, at that place* 5⁵ 8⁷ 24⁷ 38⁷ 52⁴ 55² 60⁸ 74⁴.

þá, *adv. then, at that time* 2² 23³ 48⁵ 50² 56³ 61⁶ 63⁸ 86⁶.

þegar, *adv. as soon as* 41⁷ 50⁵ *then, thereupon* 13³.

þegn, *m. a man, vir, homo* þegnar 43².

þessi, *pron. this* 79⁵ þenna 14² 16² 25² 29² 35⁸ 42² 55⁴ 70¹ þessara 17⁴ þetta 22⁵ þessir 46¹ þessu 56⁷ 65⁵ 66⁶ þessum 68⁶ 79¹.

þéna, *wv. to serve* þénti 73².

þiggja, *stv. to receive* þágu 7⁶.

þinn, *pron. thine, thy* þitt 3² 25³ þinni 82⁸ þína 85¹ þín 85⁴ þínar 85⁶.

þjóð, *f. folk, people* 13⁸ 55² þjóðum 17².

þjóna, *wv. to serve* þjónuðu 6².

þjónkan, *f. service, attendance* 13⁷.

þjóstr, *m. anger, fury* þjósti 5².

þora, *wv. to dare, venture* þorði 45² þori 85⁶.

þó, *conj. though, yet, nevertheless* 15⁸ 19³ 41¹ 42⁴ 51⁷ 77³ 85².

þraut, *f. labour, struggle* þrautum 17⁸.

-þrár, *adj. in* líkþráir 62³.

þriði, *adj. the third* þriðja 22⁵.

þriflegr, *adj. thrifty, well-to-do* þriflegan 43¹.

þrífa, *stv. to grasp* þrífur 30³.

þrír, *cardinal number three* þrjár 22³ þrjá 45¹ 48⁸ 53².

-þró, *f. trough in* steinþró 60².

þræll, *m. thrall, slave* þræl 4².

þrætar, *f. strife, quarrel* þrætur 36⁵.

-þrætinn, *adj. strifeful in* óþrætinn 31⁴.

þröngva, *wv. to force* 36².

þungi, *m. heaviness, burden* þunga 56⁷.

þungr, *adj. heavy, severe* þungri 51² 56⁴.

þuss, *m. giant* 53³.

þú, *pron. thou* 78⁶ 83⁴⁻⁵ 84²⁻⁵ þér 43⁴ yðr 44⁸ *in* vertu 49³ ertu 78¹ 82¹ muntu 85⁷.

þúsund-faldr, *adj. thousand-fold* þúsundfalda 80⁵.

því, *adv. (dat. þat) because* 17³ 19⁴ 33⁵ 65⁸.

því-at, *adv. therefore* 41⁴ 56⁸.

þvílíkr, *adj. such* þvílíkt 3⁵ 50⁸ þvílíks 76².

þvóttr, *m. washing, bathing* þvóttar 13⁷.

þykkja, *wv. to seem reflex.* þykkjast *to seem to oneself* þóttist 49⁵.

þykk-settr, *adj. „thick-set", copiosus* þykksettar 32⁵ 37⁵ 42⁵.

þýðr, *adj. kind, amiable* þýðum 18² 22⁶ þýðu 78⁴ *in* hjarta-þýðr 20⁸.

þörf, *f. need, necessity* 86⁴.

Æ æ, *adv. ever, semper* 41³.

æði, *n. nature* 8⁶.

æfi, *f. life, life-time* 34³ 36¹.

ægi, *m. the sea* æginn 19⁵.

æra, *f. honour* æru 16⁵ 60⁶.

ærinn, *adj. enough, sufficient* ærit 21⁴.

æru-fullr, *adj. worthy* ærufullur 79⁷.

ætla, *wv. to think, mean* ætlar 11⁷.

ætt, *f. extraction, pedigree* ættar 6⁷.

æztr, *adj. superl. highest* æztrar 6⁷.

Ö ölmusa, *f. alms* ölmusu 38⁵.

önd, *f. soul* öndin 82⁷.

II. Names of Persons and Places.

A'gústínus, *npr.* 2⁵.

Cedron, *npr.* 72⁶ 73² 74⁴ Cedrons 73⁶.

Díána, *npr. the goddess Diana* Díánam 40².

Elízabeth, *npr. mother of John the Baptist* Elízabethar 16⁴.

Epípháníus, *npr. father of Nikolás* 6⁵ 10⁸.

Eraclíó, *npr. the Emperor Heraclius* Eraclíónis 6².

Eugenía, *npr.* 58³.

Grikk-land, *n. Greece* Grikklands 78¹.

Jacob, *npr.* Jacobs 20⁵.

Jóhannes, *npr. John the Baptist* Jóhannis 17⁶.

Jón baptisti, *npr. John the Baptist* Jóns baptista 14⁴.

Kristr, *npr. Christ* Kristi 5⁵ 7⁶.

Licía, *npr. Lycia* 51¹.

Mirrea, *npr. a city of Lycia* 7⁴ 23³ Mirream 63¹ 72².

⎧ Nikolás, *npr.* 5⁴ 17⁵ 19² 24⁵ 25⁷ 32¹ 34¹ 49³ 55³ 56⁵
⎪   71¹ 73⁴ 75⁷ 80⁶ .Nikolási 32⁶ 37⁶ 42⁶ Nikoláss 57¹
⎨   64⁸ 68⁴ 70⁶ 76⁸ 77².
⎩ Nikolaus, *npr.* Nikolaó 27⁴ 51⁵ Nikolai 47⁶ 52⁶ 57⁶.

Paradís, *f. Paradise* Paradísar 21².

Patera, *npr. a city of Lycia* 7¹.

Sýon, *f. the church of St. Zion* (mustarit, er kallaz Sancta
    Syon. Nik. saga erkibyskups HMS. II, 85) 39² 60³
    65¹ 66³ 74¹.

Zacharías, *npr. father of John the Baptist* Zacharie 16¹.

VITA.

I was born July 15. 1854 in Utica, N. Y., U. S. America. My preparatory studies were made in the public schools of my native city, where the prescribed course was finished at the Free Academy in 1871, and after an interval in business I went to Cornell University. In June 1878 I came to Germany and matriculated as a student of Germanic philology at the University of Leipzig in October of that year. After two consecutive semesters in Leipzig I undertook, in the autumn of 1879, a philological journey to Iceland where I remained until the spring of 1880 engaged in the study of the language and literature of that country; returning viâ Denmark I spent several weeks in Copenhagen studying Old Norse paleography going thence to Leipzig where I remained during the next two semesters. In May 1881 I matriculated at the University of Freiburg and remained there one semester. I have heard, at the two universities, lectures by Professors Braune, Biedermann, Hildebrand, Paul, Windisch, Wülcker, Zarncke and Doctors Brugman and Edzardi to all of whom I desire to express my sincere gratitude for many courtesies received; especial thanks are, however, due and are hereby heartily tendered to Dr. Anton Edzardi in Leipzig and Prof. Hermann Paul in Freiburg.

Freiburg in Baden in July 1881.

William H. Carpenter.

www.ingramcontent.com/pod-product-compliance
Lightning Source LLC
Chambersburg PA
CBHW020315090426
42735CB00009B/1348